400 THINGS COPS KNOW

アメリカンポリス400の真実！

アダム・プランティンガ［著］
加藤喬［訳］

並木書房

はじめに

変化に富み、困難だが自分の能力が試せる仕事がしたくて警官になった。刑事事件に興味があったし、ドアを蹴破って突入して凶悪犯を追い詰めるといった現場体験に惹かれたのも理由だ。

それ以外では、大学で文芸創作専攻だったことがある。警察業務が興味深いストーリーのネタになりそうだと感じていた。この予感は当たっていたようだ。

巡査として一三年目、巡査部長として最初の一年をつい最近終えた。最初の七年をミルウォーキー市警で勤め、現在はサンフランシスコ市警勤務。昼夜勤務、路上犯罪担当、徒歩巡回などを経て現場訓練教官や風紀犯罪取締り班で売春のおとり捜査もやった。一三年はそれほど長い時間とは言えないが、警察業務の裏ワザをいくらか身につけるには十分だった。実際、濃紺の制服は色褪せて紫色になり、肩のパッチもほつれてきたところだ。

ここに描かれている状況やシナリオはおおむね実体験に基づいている。だが執筆の目的は自分が警察業務を熟知していることを証明するためではない。警官としてまだまだ修行中の身であり、知らないことのほうがはるかに多い。

本書を書いた理由は二つ。まず、昔も今もただ単に書くのが好きだということ。二つ目は、警察の仕事から得られる知識体系に魅了されたからだ。警官とは最も夢中にさせられる専門職の一つなのだ。

本書を読んで警察に対するより深い尊敬を持っていただけたら望外の喜びであるが、ここで描写されるのは颯爽と現れて人々を窮地から救う警官の姿ではない。警察業務には苛立たしいこともきわめて多く、成功の喜びは往々にして微々たるものだ。『アメリカンポリス400の真実!』はそういった現実を反映している。さらに言うなら、警察を理想化するつもりもない。実際、警察組織にはいくつもの欠点、偏見、手落ちがあり、それらを追及するのも本書の目的の一つだ。警察のありのままの姿を描くことで、自分なりの貢献ができたのではないかと感じている。我々警官は人々が考えているよりまともだったり、酷《ひど》かったりする場合もある。ときには単に一般人と違っているだけということもある。

本書は警察の仕事を一般化して描いている。しかしそれは、かなり大きな市警で勤務した二度の経験と、全米の同僚警官たちと会話を続けた所産である。警察署ごとの手続きや手順、それに刑法は所轄によって異なるが、都市部の警察業務には、明らかに均一性がある。オハイオ州クリーブランド市の警官と交わす会話はテキサス州ダラス市警や首都ワシントンの警官との会話とほとんど変わらないだろう。やり甲斐と苛酷さ、滑稽な状況と身のすくむ瞬間が代わる代わる沸き起こるのが警官の仕事だ。こういう職業をこなすための姿勢や心配事も似通ったものだ。着ている制服こそ違え、任務は同じなのだ。

ではこれからアメリカンポリスの世界にご案内しよう。

アダム・プランティンガ巡査部長

目次

第1章　発砲

かりに銃で撃たれたとしよう。弾が当たったとわかるならまだ生きている証拠。その時点ではまだ運を使い果たしていない。だが、次の一発が最期になるかもしれない。一発目が命中したいま、なにより大切なのは二発目から身をかわすことだ。まだ五〜六秒は残されている。その時間をどう有効に使うかだ。警官としての責任感と目的があれば絶対に生き延びられる！

デイブ・クロスマン警部補

1

犯罪者の多くは射撃が下手くそである。まるで映画『スター・ウォーズ』のストーム・トルーパー（兵士）並みの腕前で、めったに当たらない。これは警官にとって非常にありがたい。

発砲事件の現場に駆けつけた時のことだ。玄関先で六人の男がわずか二メートル半の距離から犯人グループに六発撃たれた。とっさのことで、かがむことすらできなかった。にもかかわらず一発も当たらなかった！　誰もかすり傷ひとつ負わなかったのだ。

別の事件現場では、捜索の結果、リビングで五発の弾丸が回収され、屋外からは空薬莢が一四個見つかった。つまり、犯人は一五メートルの近距離から一軒家に向けて一四発撃ち、五発しかリビングに命中しなかったことになる。命中率はたったの三五・七パーセント。射撃の下手な者が焦って撃つと、家のような大きなものでも当たらないという実例だ。

犯罪者は射撃場に出かけないし、射撃姿勢

や銃の握り方、照準の仕方、引き金のコントロールといった基本的なことに時間を割こうともしない。その代わり、別のテクニックを身につける。警察用語で、これを「弾をばらまいてから祈れ」（訳者注：英語で「スプレイ&プレイ」という語呂あわせ）という。もし平均的犯罪者が正規の射撃訓練を受けたら、全米の殺人率は今の五倍に跳ね上がるだろう。

だが注目すべき例外はある。凶悪なギャング組織のメンバーには射撃術をしっかりマスターし、軍隊で武器取り扱いの訓練を受けた連中もいる。彼らの軍隊仕込みのテクニックは都会の戦場でも大いに役立つ。当然、一般市民よりも射撃経験が豊富である。このタイプがいちばん危険で、警察のＳＷＡＴ（特殊火器戦術部隊）はこのような脅威に対処するために存在する。

2

拳銃の中には、水中でも発射できる高性能なものがある。有効射程は短くなるが、至近距離なら致命傷を与えることができる。プールや河川で武装した容疑者と対峙する羽目になったら、これは忘れない方が身のためだ。警官の銃と同様、容疑者の銃も水中で問題なく作動するかもしれないからだ。

3

路上で不審者に職務質問する際に、相手が身体の左側を向けてきたら要注意だ。右利きなら拳銃は身体の右側に携帯する。容疑者が拳銃を隠し持っていれば、本能的に身体の右側を警官から遠ざけようとする。なにもやましいことがなければ正面を向いて答えるはずだ。

　職務質問する際には相手の服装やスタイルにも注意を払う。銃を素早く抜くため、犯罪者は往々にしてダブダブのシャツの裾を出して着たり、冬でもコートのボタンをいくつか外していたりするものだ。

　また歩く時は、利き腕を身体に密着させて武器に手をかけている。銃の位置を確認するため、時にはそっと、ある時は大胆に触れることもある。これらの動きは警察用語で「銃保持動作」という。武器の不法所持容疑で逮捕する場合は報告書に記載すべき項目だ。

4

　銃撃で重傷を負った被害者を助けようとしている時、ガラガラとあえぐような不規則な息づかいを聞くことがある。これは正常な呼吸ではなく、死の間際に起こる「死戦期呼吸」と呼ばれるものだ。このような状況下でも止血や心肺蘇生法など、できることはすべて行なう。だが被害者は間もなく臨終を迎えようとしている。心臓マッサージなどの救命措置は無駄ではないが、人が死ぬのを黙って見ているよりはいくらかマシだから行なうに過ぎない。

5

　車外にいる標的に向けてフロントガラス越しに撃つのはためらいがある。だがイザとなれば、パトカーの運転席に座ったまま発砲しても飛散するガラスの量はたいしたことはない。しかし、同じフロントガラスでも外から撃たれたら、ガラスの破片は眼球や顔面を切り裂き、しかも弾丸は相手が狙ったところに着弾する。

6

　ギャングがらみの銃撃はうんざりするような報復の連鎖をひきおこす。発砲事件発生の通報が全担当地区から舞い込んで止まらなくなる。ギャングたちは一人残らず街に繰り出し、復讐に血眼だからだ。この状況で一警官にできることは各事件を全力で捜査するだけ。あとは雨乞いでもするしかない。

　負傷者の中には銃撃戦に巻き込まれた一般市民もいるだろう。しかし、多くは麻薬犯罪やギャング抗争に手を染めたあげく撃たれる羽目になった職業的犯罪者だ。だから担架に載せられ苦痛にうめく被害者でも、武器を隠し持っていないかどうか、ボディーチェックをする。報復に使った拳銃が見つかることもある。ギャングの抗争に善玉などいない。今日の被害者が往々にして明日は加害者になるのだ。

> 警察学校で教えるべきことは、銃撃戦ではなめらかな動作がいちばん速いということだ。無駄のない動きは正確さにつながる。拳銃はホルスターから力任せに引き抜くのではなく、滑るように抜いてターゲットに向ける。引き金は「ガク引き」にならないよう、そっと絞るように力を加えていく。伝説の名保安官ワイアット・アープの金言「銃による決闘で勝つ秘訣は、急ぎつつも焦らないこと」は現代にも通用する。

7

拳銃があれば誰でもケンカに勝てる。決死の覚悟もトレーニングも要らない。勇気や体力、不屈の精神力も不要だ。人差し指で引き金に約三・七キログラムの圧力をかけるだけでいい。だから有能な警官は、小柄でたいした相手には見えない容疑者に職務質問する時でも気を抜かない。容疑者が拳銃を持っていれば、「人生サヨナラ」ということだってあり得る。どんなにランニングが速くて、ウェイト・リフティングができても、拳銃の前では何の足しにもならない。

8

ショットガン（散弾銃）は重い。長いあいだ標的に向けて銃を構え続けるのは体力を消耗する。危機的状況にあっても、銃を下げて鉛のように重い肩を休めたい欲求にかられる。が、そんなことをすれば根性なしのようだし、犯人に蜂の巣にされるかもしれない。腕が抜けそうな痛みに、事件が自然に片づいてくれないものかと願ってしまうのはこういう時だ。

9

非番で外出中など、何かのおりに自分が警官であることがわかると、たびたび聞かれることがある。「人を撃ったことがあるか？」という質問だ。パーティやレストラン、それに飛行機の中でよく尋ねられる。警官が一般人にとって好奇心の対象であることはわかるが、これは聞かれて気持ちのよいものではない。

警官の発砲は比較的まれな出来事だから、答えは「ノー」の確率が高い。だが、もし過去に引き金を引かなければならないことがあったとしたら、ほぼ間違いなく、ＰＴＳＤ（心的外傷後ストレス障害）の原因になり得る。映画の中なら、ヒーローが九人の敵を撃ち倒し、おもむろに葉巻を吸うところだろうが、現実は違う。

実際に警官が発砲した場合、必ず心身の苦痛が伴う。流血沙汰をひきおこしたことへの悲しみ。時には市民の抗議を招くこともある。発砲の判断に対する後悔もあるだろう。強制的休職を余儀なくされ、心理カウンセリングも課される。こんな厄介事をパーティで会った、見ず知らずの他人に話したがる警官などいるだろうか。一般の人も、この手の会話がどんなものになるか想像して欲しい。

「そうなんだよ。容疑者が女房のノドを掻き切った直後、ヤツの胸に二発お見舞いしたんだがね、その一発が跳弾になって無実の第三者に当たっちまったってワケ。不運にもこの女性はそれ以来、下半身不随だよ。あれ、チリソースが欲しいんだけど、まだある？」

１０

事件現場では証拠品となる薬莢と弾丸を回収する。薬莢は発砲場所の近くに排莢されるから比較的簡単に見つかる。もっとも、通報で駆けつけた消防車のタイヤの溝に挟まってしまうこともたまにある。が、弾丸となると話は別だ。被害者の体内にとどまっている場合を除き、どこにあるかを特定するのは難しい。風の抵抗や重力を計算に入れても、拳銃の射程は一六〇〇メートルを超える。もちろん全力を尽くして探すが、発見はあまり期待できない。弾丸が車のシートなど柔らかい物に当たると、表面に何の痕跡を残さないこともよくある。

かりに見つけることができても、証拠としての価値は限られている。弾丸は高速度衝撃によって原形をとどめていないケースがほとんどで、金属工芸科の課題でD評価をもらった生徒の作品みたいなシロモノだ。

11

警官は言葉づかいに気をつけなければならない。しかし使う場所を心得た「ファック」(訳者注：怒りや憤りなどを表す強意語として頻繁に使われるが、公式な席や放送で使うのはタブーとされる。性交を意味する俗語)は、犯罪者に対して説得力を発揮し、したがって妥当である場合もある。

重罪容疑者に銃を突きつけているとしよう。この状況で、ただ「地面に伏せろ」と命じるのと、「地面に伏せやがれ、このファック野郎!」の違いは眼を見張るものがある。卑語なしの命令には従わなかった容疑者が「ファック」を使うと動作も速く、従順になる。

考えてみれば、犯罪者たちが理解し多用するのがこのような卑語だ。これは個人体験に基づく推論に過ぎない。しかし卑語の有効性に関する臨床結果がない以上、逸話にもいくらかの信憑性はあるだろう。

逆に粗野な言葉づかいによるマイナス面も事例に事欠かない。たとえば、それは目撃者に関するものだ。警官が容疑者に向かい、例の卑語を使って「地面に伏せやがれ、このクソ野郎！」と命じたとしよう。この時、容疑者が武器を取り出し、警官は発砲を余儀なくされた。のちに刑事らが目撃者を見つけ出して質問する。

「巡査が発砲する前に『武器を捨てろ』と言うのを聞きましたか？」

彼女はこう答える。「覚えていません。聞こえたのは『ファック』だけです」

12

銃をいじくりまわしているうちに暴発させ、自分を撃ってしまう連中がいる。こういう手合いは事故を警察に通報したがらない。銃器所持を禁じられている前科者なら拳銃携帯がバレて逮捕されるのを恐れるだろうし、単純に、バツが悪くて通報できないこともある。そこで友だちに頼んで救急医療室に行くのだが、病院は銃傷を報告する義務があり、どのみち警官がやって来る。この手の負傷者の説明ときたら中途半端なものがほとんどだ。たとえば「一人で道を歩いていたら撃たれたんです。撃った犯人は見えませんでした。僕を撃つ人なんて見当もつきません」

警官というものは、こういう自傷事件にはやる気をかきたてられる。自白を引き出すのが難しい相手ほど、落とす醍醐味も増すからだ。

相手の筋書きを突き崩す手始めに、銃撃現場とされる場所にパトカーを送ったが一人の目撃者も薬莢も見つからなかったのはなぜか?と問いただす。次いで、傷の位置がおかしなことを指摘する。自傷発砲の場合、手のひらや指を撃ち抜くことが多く、第三者に撃たれたとすると辻褄が合わない。撃たれる直前に偶然、何かを指さしていたか、ミイラ男のように両腕を突き出して歩いていたかしなければありえない。しかも手や指を撃ち抜いた弾丸は太ももか胴に当たっているはずだ。こうして相手の主張がほころびだらけで、事実関係と合致しないことを思い知らせてやるわけだ。

だが、決定的な証拠は負傷した手のひらを見ればすぐわかる。至近距離で発砲した場合、燃え残った火薬が黒い焼け焦げになって残るからだ。この愚かな人物は、ズボンのポケットに入れた拳銃をいじっているうちに誤って引き金を引いてしまったのだ。

13

連邦政府のアサルト・ライフル規制法が失効した際、おおげさに騒ぎ立てた人々がいたが、警察は特別な関心を示さなかった。この法律はもともとたいした効力を持たなかったからだ。アサルト・ライフルが禁止されていた期間、銃器メーカーはこれらの小銃から消炎器を取り除き、銃床の形状に多少の変更を加えるなどして販売を続けた。殺傷能力に変わりはないものの、これら些細な変更を加えられた銃器は連邦政府の見解では、「アサルト・ライフル」ではなくなっていたのだ。

アサルト・ライフル規制法は実際より効力

があると思われていたフシがある。引き金を引き続けるかぎり弾丸が発射される全自動小銃（フルオート）の規制だと誤解していた人々がいたせいだ。だが、全自動小銃を非合法とする州の方が多いうえ、連邦法によって民間人が一九八六年以降に作られたマシンガンを所持することはすでに禁止されている。ここで言うアサルト・ライフルとは、引き金を一回引くたびに一発だけ発射する半自動小銃（セミオート）のことなのだ。

とは言うものの、この種の銃が悪夢のように恐ろしいことに変わりはない。再装塡の回数を減らせる大容量マガジン（弾倉）を装備し、しかもコンクリート・ブロックや電柱を難なく貫通する弾丸を発射する。普通の防弾チョッキなどは胸に絆創膏を数枚重ねた程度の効果しかない。

無線でライフルを持った男がいるとの通報を受けると、興奮と不安で全身に鳥肌がたち震えが走る。実際に効力のあるアサルト・ライフル規制法とはマガジンへの装塡数を数発に制限するものだろう。州によっては、カモ猟のハンターが使う散弾銃に三発しか装塡できない。これと同じ理屈だ。

14

常習犯の中には拳銃を向けられても動じない者がいる。だが、ポンプアクション散弾銃に給弾する時の「ガシャン、ガシャン」という小気味よい金属音には職業的犯罪者ですら一瞬ためらうものだ。すでに一発目が装塡されている場合でも、この音響効果を利用するために再作動してみせるのも悪くない。**いじめっ子が通りのかどから現れた時、兄がすぐ**

隣にいてくれる心強さを散弾銃に感じるようになるものだ。

１５

銃撃の標的にされた場合、飛散したガラスや木片などが身体に食い込んでいるのに、銃傷はないことがある。またペレットガンやエアソフトガンで撃たれたのを本物の弾丸にやられたと思い込む人もいる。「銃で撃たれた！」。被害者がよろめきながらやって来て大げさに言うので調べてみると、一発のＢＢ弾が頭髪の中に埋もれていた。いずれのケースも「心配いらない」と伝えるが、このような状況を軽視してはいけない。当たった物が何であれ撃たれるというのは恐ろしい体験だし、誰だって命中した弾丸の種類を即座に言い当てるのは不可能だからだ。

１６

警察学校でも現場の警察署でも、常に紙の標的に向けて射撃練習が行なわれる。標的には原寸大の人物写真を使用する。中には銃を振りかざしているものもあり、六種類ほどが各射撃場に常備されている。

長年これらの標的に風穴を開けていると嫌でも写真の顔が目に焼きつく。実はこの写真のモデル、一般人ではなく現職の警官が務めている。一般市民をモデルに使わないのには理由がある。万が一、モデル役の市民と街で出会ったら、反射的に銃を向けてしまう可能性がゼロではないからだ。これは嘘のような本当の話である。

１７

銃撃された者の死亡が現場で確認されない限り、病院まで被害者に同行する任務を与えられることがある。救急車で病院に向かう間、被害者がもちそうもない場合は、誰に撃たれたのかを聞き出さなければならない。「死亡宣告書」つまり死の床にある者の最後の言葉は法廷で使われる可能性があるからだ。

この任務は誰もやりたがらないので、たいていは勤続年数が短い警官の役目となる。だが、押し合いへし合いの救急車の中で、人を何回か撃ったであろう全身刺青のギャングから情報を得ようとしても一筋縄ではいかない。以下、その理由を述べる。

（1）被害者は警察を目の敵にしており、自分で片をつけたいと思っている。

（2）被害者はたいてい酸素マスクをつけており、正確な聞き取りが難しい。

（3）被害者は相当の痛みを感じている場合が多く、質問に答えられない。鎮痛剤は救命士には処方することができない。モルヒネは病院に着くまでおあずけなのだ。

１８

銃で撃たれたケガの程度は、口径、撃たれた距離、命中前に弾丸を減速させる物（壁やドア、第三者など）があったかどうかによって決まってくる。

だが、脊髄《せきずい》に当たった場合は間違いなく最悪の事態になる。また、至近距離から拳銃の弾丸を顔面に受けると、被害者の臼歯《きゅうし》は地面に飛び散るか、角度によっては円錐形状の骨と皮を残して頭蓋骨の後ろ半分を吹き飛ばす。後者の場合、まるで一角獣の頭のように見える。

身体に命中した弾丸がどんな動きをするかは予測不能である。**弾丸が直進することはめったになく、宙返りしたり、回転したり、時には体内のカーブに沿って動く。**腕に入った弾丸はそのまま貫通する場合もあれば、肘の骨に当たって跳ね返り、心臓を破裂させることもある。下部胴体に命中した弾が腸を引き裂き、一生残る合併症を起こすかと思えば、軟組織の中にとどまってこれといった障害を起こさないケースもある。後者の場合、被害者の多くは即日退院を許される。弾丸をそのままにしておくほうが医学的に見て安全だからだ。

臀部の銃傷は痛いものだが、後日、生き延びた被害者のちょっとした武勇伝にはなるだろう。だが、弾丸が動脈を貫通すれば失血死につながる。

拳銃自殺未遂を起こした人物と話したことがある。左耳のすぐ後ろを撃ったのだが、弾丸は頭蓋骨に当たってそれ、頭頂部から飛び出した。放心状態に陥ったが、命に別状はなかった。その時の傷跡が、彼の頭皮にアルファベットのCの形に残っていた。

かつて扱った事件では女性が背後から撃たれた。弾丸は彼女の肩甲骨を粉砕したあと右の鎖骨まで達した。そしてまるでビー玉か何かのように皮膚を押し上げた状態で止まっていた。撃たれた者にとって、生と死の差は極めて小さいものだ。

19

各警察の携行弾数規定にもよるが、警官は

だいたい三六発から四六発の弾丸を常時携行している。すべて撃ち尽くして、まだ足りなかったら？　完璧なお手上げ状態だ。

20

映画やTVドラマの中の警官は、武装した犯人を前にすると、決まって「武器を捨てろ！」と警告する。命令に従わなければ再警告するシーンも多い。だが、我々プロの警官からすれば、そんな間抜けなことをするな、と叫びたくなる。

ある射撃教官は言う。「あんなのはみんなデタラメだ。犯人が三メートル先にいて、銃を持ってる。こっちは隠れる場所もない。なにを待ってるんだ？　さっさと撃て！」。そして付け加える。「訓練なら警告もいいだろう。だが自発動作の方が反応動作よりも絶対に速い。こっちが『武器を』と言い終わる前に犯人は発砲している。だからそんなおしゃべりより撃つ方が先だ！　どうしても『武器を捨てろ！』にこだわるなら撃ってから言ってやれ」

21

至近距離で人を撃った場合、返り血や飛び散った細胞組織を全身に浴びる。それらは、眼や鼻、口にも飛び込んでくるから、事実上、相手の血や肉片を「身に着けている」と言ってもいい。当然、肝炎やエイズをはじめ血液感染する病気が伝染していないか一連の検査を受ける。最終結果が出るまで数カ月。来る日も来る日も恐怖と怒り、そしてフラストレーションにさいなまれる。この期間、警官の仕事がこんな苦痛に見合うだけの価値があるかどうか誰しも自問する。

22

ギャングとつながりのある女性は、ボーイフレンドの銃を隠し持つことが多い。女性は男性ほど身体検査されないと知っているからだ。実はこれは当たっている。理由は以下のふたつ。

まず凶悪犯罪の大部分は男性が引き起こす。米連邦捜査局の報告では、全米の殺人事件の中で、女性によるものは一パーセントに過ぎない。当然、警官は女性より男性に注意を向ける。

第二に、緊急事態を除いて、大半の警察署では女性容疑者の身体検査は女性警官が行なうことになっている。昔に比べて女性警官の数は増えたとはいえ、まだ必要な時いつもそばにいてくれるわけではない。電話で別地区から応援を求めなければならない場合もあり、そうなればただ待つしかない。警官というのはけっこう気が短いから、待つのは苦手だ。

> 優秀な警官は射撃場で熱心に練習する。拳銃を素早くホルスターから抜く動作を繰り返し、利き手が使えなくなった場合に備えて、もう一方の手で撃つ訓練も欠かさない。ブーツのかかとを使って拳銃のスライドを引き弾薬を装塡する練習もする。
>
> だが現実には、すべての警官がそこまで訓練しているわけではない。何年も前のことだが、同僚が射撃訓練で至近距離から全弾を撃ちつくしたが、標的に一発も当たらなかった。彼はこちらに向き直ると「少なくとも犯人の度肝は抜いてやったさ」とうそぶいた。

23

銃傷を負った者に遭遇した場合、無実の被害者なら落ち着いた態度で接して、その苦痛をやわらげる努力をする。

「ここに一緒にいますよ。置いては行かないから心配しないで。もう大丈夫ですよ」と話しかける。実際、銃で撃たれた被害者の大半は生き延びるので、これは統計的に嘘ではない。

「前にもっと重傷の人がいたけど、大丈夫でしたよ」。そんな経験がなくてもそう言って元気づける。万が一もう助からないと思っても、最後まで力づけるのがプロの警官であり、銃で撃たれた被害者に対する正しい態度だ。もし警官が不安そうな表情をしていたら、被害者はパニック状態に陥るだろう。こうした状況は命取りになる。

24

銃傷の中には銃弾による傷に見えないものもある。殺人課の刑事が語ってくれたことだが、地面に横たわったまま身動きしない男性が発見された時、何かほかの原因によるものと思われた。現場の警官や駆けつけた消防隊員でさえ、男性は地面に転落して頭を打ったのだろうと考えた。ところが搬送先の病院でCTスキャンしたところ、二二口径の弾丸が頭蓋骨に当たって砕け、それが原因で脳浮腫《のうふしゅ》を起こしていたことがわかった。

時として警官は、与えられた状況下で、もっともお手軽で明白な説明に飛びつく傾向がある。「自分はベテラン警官であらゆる銃弾による傷を見てきたが、こいつは銃傷には見えない。だから原因は転落で銃弾による負傷ではない」。そう推測したが、残念ながら答えはノー。多くの場数《ばかず》を踏んできた警官とはいえ、あらゆる銃傷を目にした者など、だれもいないということだ。

25

どういうわけか悪党連中はホルスターなど格好悪くて使えないと思っているらしい。たいていい利き腕に近いズボンの前側に拳銃を突っ込む。八五から九〇パーセントは右側だ。拳銃をウインドブレーカーのポケットに忍ばせていると、重みでポケットが振り子のように揺れる。なかには手でポケットの外側を覆って、これを隠そうとする者もいる。

こういう連中に近づく場合、警官は最大限の注意を払う。ポケットにあるのは携帯ラジオかもしれないし、缶詰か幼い息子の哺乳瓶の可能性だってある。だがこの人物を拘束する合法的な理由がある場合、ポケットの中身を確認するまで、両手をポケットの外に出させておかなければならない。

26

コロンバイン高校銃乱射事件（訳注：一九九九年、同校の生徒二人が銃を乱射し、一二人の生徒と教師一人を射殺。両容疑者は自殺）以前、アクティブ・シューター（無差別殺人を実行中の乱射犯人）に対する警察の対応は、非常線を張ってSWAT（特殊火器戦術部隊）が小銃と防弾盾を持って突入するのを待つというものだった。自ら現場に踏み込んで任務を遂行したい警官たちはこの規則を忌み嫌った。SWATを待っている時間などないからだ。

だが、コロンバイン高校銃乱射事件が警官らの正しさを証明する結果となった。乱射犯はもともと生きて帰る気はなく、一人でも多くの人間を標的にすることしか考えていない。したがって待てば待つほど状況は悪化する。この教訓から全米の警察は対応策を見直した。

現在、パトロール中の警官は、可能なかぎりの応援とともに速やかに現場に突入、乱射犯の居場所を特定、隔離したうえで交戦する。これは銃声のする方向に注意を集中するということだ。つまり遺体を踏み越え、負傷者をそのままにして行くということでもある。乱射事件の現場では、アクティブ・シューター制圧が最優先任務なのだ。

27

長年警察の仕事をして修羅場を何度も体験すると、ものごとに対し冷めた見方をするようになる。にもかかわらず、どうしても記憶から消えない惨劇もある。例を挙げるなら、家の外で遊んでいた七歳の女の子が流れ弾に当たって家族の目の前で死亡するようなケースだ。それまで縄跳びをしていた少女が次の瞬間にはもうこの世の人ではなくなっている。その翌日、新聞のトップ記事は、政府の食品選択ガイドラインが穀物を一品減らして野菜をもっと食べるべきだと言っているとか、ガソリンの値段が三セント上がったとか、パリス・ヒルトンが新しい香水を発売したとかいう話ばかり。何もかもバカバカしく上っ面だ。アメリカの名もない街の片隅で一人の少女が殺害されたからといって、世の中が急停止するわけではない。が、ほんの一瞬、全世界が頭《こうべ》を垂れてもよい。

第2章　武力行使

この戦いに臨《のぞ》む勇気のない者は去れ。
通行保証書は余が与える
『ヘンリー五世』ウィリアム・シェイクスピア

28

警官の武力行使は四つに分類できる。

（1）訓練で学んだテクニック：警察学校で習ったとおりの武力行使。

（2）訓練で学んだテクニックの積極的応用：警察学校の基本に従いつつ、現場の状況に応じ規定よりやや過剰な対応を行なう。たとえば容疑者にタックルする際に、勢いあまってガラス製のテーブルを突き破ってしまうようなケース。実際、この程度のことはよくある。

（3）訓練では学んでいないが正当化できるテクニック：状況に応じて通常の規定を逸脱するタイプ。たとえば仕方なく相手の股間を蹴るとか、容疑者の拳銃を取り上げようとして相手の耳を噛み切るなど。警棒を奪おうと馬乗りになってきた相手の目に親指を突っ込んだことがあるが、これは警棒を取られたら殴り殺される可能性が高かったので、正当化できる。現場はバレエのダンスではなく乱闘だ。きれいごとは言っていられない。まさに「戦うに値すること は、少々汚い手を使ってでも戦うに値する」ということわざのとおりである。

（4）とっぴで最悪なテクニック：カンフー映画のように、まともな警官なら考えもつかない過激な武力行使。報告を聞いた上司が片眉をつり上げて「知り合いに腕利きの弁護士はいるか?」と聞いてきたらこのタイプだ。最終的には懲戒免職になったり、逮捕されたり、告訴されたりする状況で、これだけは避けたほうが身のためだ。

29

警官に歯向かってくる連中の多くは逃げる機会をうかがっている。彼らにとって戦うとは逃げるための方便に過ぎない。しかし、時として逃走する気がまったくない者に出くわすことがある。殴りかかるか拳銃を抜くかしか考えないタイプだ。彼らと一戦交えたあとは、全身が打撲で痛み、制服は引き裂かれ、ズボンは泥まみれ。しばらくして達成感と辛うじて生き延びた安堵感が入り交じり涌きあがってくる。心の中に大切にとっておきたい勝利の喜びと言ってもいい。これだけの仕事を成し遂げたあとに自宅で飲む一杯は格別だ。古くからの同僚ロルフ・ミューラーがよくこう言っていた。「警官の仕事はキツイけど、まあ、それもいい。楽な仕事なんか面白くないからな」

ケンカを始めたものの、痛い思いをしたり刃物で切られたりした途端あっさり戦意を失う者がいる。警官はこんな根性なしではダメだ。負傷は始まりであって終わりではない。右手を骨折したら左手でパンチを繰り出す。警棒を失ったら懐中電灯や無線機、路上のレンガで相手を叩きのめす。命がけの戦いに禁じ手などない。イカサマでもかまわない。当たらなくてもパンチを出し続け、応援が来るまで戦うことだ。諦めたら負けだ。

30

催涙スプレーを顔に吹きつけられた時の感覚は、まるで眼球に鉄条網を巻きつけられ、無数の悪魔が皮膚に穴を開けているという感じだ。「なんだこれは?」。そう思った数秒後、両手で頭を抱え、前かがみになってうめく。四〇年間タバコを吸い続けたヘビースモーカーのように咳き込み、汗が吹き出し、ヤケドのように全身が火照る。体中のあらゆる粘液や鼻水が溢れだし、、キラキラ光るしずくになってシャツの前に垂れ下がる。運悪くコンタクトレンズをしていたら、なくなったと思った方がいい。水ではたいして助けにはならない。救いは外気と時間経過だけ。回復までに一〇分から長ければ数時間かかることもある。警官になってから、おそらく五~六回はやられた。訓練でのこともあるし、現場で同僚警官の狙いが外れたこともある。この〝悪魔のジュース〟にまたやられるくらいなら? 大腿部を銃で撃たれた方がマシだ。これは冗談で言っているのではない。

31

明白な敵意を持って向かってくる容疑者に対して負けることは許されない。もし拳銃を奪われれば、その銃口は自分と同僚に向けられるのは間違いない。だから渾身の力を込めて叩きのめす。相手にとって、今日を人生最悪の日にしてやることだ。

32

何ごとにも例外はあるが、一般論で言えば、逃走中の犯人が車を突進させて来たら、銃で応戦しようなどと思ってはいけない。かりに複数の銃弾を撃ち込んだとしても、車を停止させることはまず不可能だ。

DEA（麻薬取締局）の作成したビデオがこの事実を明快に説明している。冒頭、一人のエージェントが普通のセダンに乗って現れる。彼が下車して歩き去ると、ほかのエージェントたちが357マグナム弾から223口径ライフル弾まで約五百発を至近距離から浴びせかける。セダンが蜂の巣になったあと、最初のエージェントが再び現れて乗車。いくらか苦しげな音を立てながらもエンジンは一発でかかり、そのまま走り去って幕。これでおわかりだろう。

運転手を射殺しても、車はその場で都合よく止まってはくれない。無人になって突っ込んでくるだけだ。だから突進してくる車を見たら一目散に逃げるのがいちばん賢明だ。

33

戦いの最中はアドレナリンが全身を駆けめぐっているので痛みを感じない。困ったことに、それは犯罪者も同じだ。ある乱闘事件で相手のヒザを警棒で二回叩きつけたが、ポリエチレン製の浮き輪か何かで叩かれたくらいの反応しか見せなかった。こちらも顔面パンチを数発食らったが同じ理由で何も感じない。この殴り合いは、しばらく続いた。

34

テイザーガンは、二本のワイヤーにつながれた尖った電極を容疑者の身体に撃ち込み電気ショックを与えるものだ。苦痛をともなう筋肉収縮が起こり、容疑者は地面に崩れ落ちる。**高電圧のテイザーの一撃は、身体機能を数秒間奪う。この間に近づいて手錠をかけることができる。**引き金を戻せば痛みは消え、後遺症となるダメージを身体に残すこともない。テイザーは対決の長期化を防ぎ、警官と容疑者双方の負傷を減らすことが複数の研究からわかっている。

なお、一般にはテイザーより「ショッカー」の方が通りがいい。その効果は絶大で、照準用の赤い光線を容疑者の胸に当てるだけでたいていは抵抗をやめる。高圧電流のショックを避けるためなら何でも言うことを聞く。芝生をきれいに刈り込めと言えば従うだろう。

だが例外もある。同僚の話だが、身長一八〇センチ以上、体重一二〇キロはあろうかという巨漢の酔っぱらいにテイザーを使ったところ、男はアブでも振り払うように頭を振り、刺さった電極を引き抜いてしまった。「これだけかよ」。泥酔男はそう怒鳴ったという。

35

人は攻撃に出る前に決まった動作をする。拳を握りしめたり、半身に構えたりすればすぐにわかる。頸部を守ろうと本能的にアゴを引いたり、アゴ関節と眉毛を硬直させたりもする。飛びかかる寸前にズボンで手をぬぐうのは本人たちも意識していないクセだが、これはポーカープレイヤーが手の内をバラしてしまうのと似ている。注意して観察をすれば、容疑者が大立ち回りする前に警棒を抜いて応援を要請することができる。

36

乱闘に対処するには警察学校で習ったテクニックを使う。だが教育現場では路上で起こるケンカを完全に再現することはできない。本物の取っ組み合いは必ず混乱状態をともなう。犯人にタックルした警官たちが折り重なっている隙に、容疑者が下からまんまと逃げる。マンガと同じだ。このような状況では警官どうしが手錠をかけあうようなことも稀ではない。

37

「警官は相手が使う脅威より一レベル上の武力を合法的に使うことができる」。少し前に最高裁判所が下した判断だ。抵抗が手に負えなくなる前に鎮圧する。言葉を換えれば、警官にはフェアに戦う法的義務はないということだ。

一般論だが、相手が暴力に訴える素振りを見せた時点で催涙スプレーを吹きつけるのは合法かつ適切な行為だ。相手が乱暴に押してきたら叩き返す。殴ってきたら警棒で対応。ナイフを出したら即、銃を抜くという具合だ。理由は単純。警官に武力で立ち向かってくる相手は間違いなく危険だからだ。攻撃をためらい守勢に立たされたら勝利は望めない。相手を殴ったあと一歩引いてダメージを見極めるなど愚の骨頂。そもそも容疑者とボクシングの試合になってはいけないのだ。状況が悪化する前に積極的に対応する。つまり相手が抵抗を諦め、おとなしくなるまで攻撃をやめないことだ。

38

大衆は警察が武力行使に至るまでのメカニズムを必ずしも理解していない。警察はマスコミや「市民向け警官体験プログラム」などを通じてできるだけ説明に努めてはいるが、根深い誤解が警察と人々の溝を広げている。

今日、市民とメディアによる警察監視団体が設けられているが、これはよいことだ。銃を携帯し、人々の自由を剥奪する権限を与えられている警官の監視は必要だからだ。だが同時に、武力行使に関する警察側の言い分をよく理解しないまま警察批判が行なわれているのも事実だ。大衆とマスコミが警察にもう少し好意的な見方をしてくれてもよいと思う。警察の残虐行為に関する報道はいつものことだが、凶悪犯を必要最小限の武力行使で逮捕してもまず報道されない。ニュースとして面白みに欠けるからだ。

そうは言っても、警官の中には何でもない職務質問を殴り合いにまでエスカレートさせてしまう者が確かにいる。高校時代に受けたイジメを二〇年経った今も根に持ち報復しているのかもしれない。警官になって日が浅く経験不足なので、やたらに小突きまわせば弱さを隠せると考えている者もいるだろう。いずれにせよ、こういった警官は容疑者を逮捕するだけでは飽きたらず痛い目に遭わせたがる。抵抗をやめた容疑者に暴力をふるうのが不名誉なことだと理解できないのだ。幸いにも彼らは少数派だ。

容疑者を必要以上に手荒く扱うことは間違っているだけでなく、まったく引き合わない行為だ。警官の職を失うことにもなりかねないし、刑事責任を問われたり、連邦政府による公民権侵害訴訟に巻き込まれたりする可能性もある。警官がこんなことではいけないし、九九パーセント、我々は法律を順守している。法律など歯牙にもかけない犯罪者とは違うのだ。ミルウォーキー市警のある警視がこう言っている。「ヘドを吐くほど嫌な相手でも、警官は憲法上の権利を保障しなければならない」

39

頭突きは効果的に使えば、素晴らしい武器になる。相手はボーリングの玉が頭蓋骨に叩き込まれたような衝撃を受ける。

40

企業や役所の重要な決定は、会議室でホワイトボードを使いながら慎重に行なわれる。調査委員会が設置され、上質のコーヒーとサンドイッチをつまみながら、数々の案が比較検討されては破棄される。この過程は数時間、数日、いや数週間続くこともある。

警官にとって重要な決断は、撃つべきか撃たざるべきかだ。状況は瞬時に変化する。したがって判断を下す時間は一秒半しかない。後日、批評家連中は、警官が下したこの決断を、コーヒーとサンドイッチでもパクつきながらこき下ろすのだ。

41

警官にとって最悪の事態は、女性と一戦交えなければならないときだ。女性だからと手加減すると、とんでもない目に遭う。彼女たちは目や急所も構わず攻撃してくるからだ。

騎士道精神はケガのもとでしかない。

42

暴行の被害者は往々にして、とくに理由もなくやられたと供述する。そういうこともなくはないが、見知らぬ他人による路上襲撃はきわめて稀だ。多くの場合、それなりの理由がある。人種差別的な発言や麻薬代金の踏み倒し、未成年者とのセックスなど、被害者が警官に話したがらない事情があるものだ。

43

ある空手映画で「決して相手を見くびるな」と言っていたが、これはいい忠告だ。痩せっぽちで武道の心得のない一〇代の若者が、体重が二倍もある相手の眼窩骨を一撃で粉砕することができる。小突かれて転倒した被害者が道路の縁石で首の骨を折ることもあれば、頭蓋骨を強打し脳挫傷を起こすこともある。路上でのケンカには衝撃をやわらげるクッションもルールもない。結果として予測不能の流血事件に発展する。

44

警官にケガはつきものだ。負傷は警察業務の代償であり、これを避けて通ることはできない。私もこの一三年間で、顔面を強打され、足蹴りされ、頭突きを食らい、右の手のひらの一部を食いちぎられた。巡回中に逃亡する凶悪犯の車にはねられたこともある。乱闘事件で両手首をひどく捻挫し、それから一週間、自分で靴下を履くこともできなかった。砕けた左ヒジは数年経っても固いものの上に置くと火がついたように痛む。全身打撲でアザだらけ。容疑者を追跡中にフェンスを飛び越えて傷めた右足首はいまでも変な音をたてる。それでも、自分の負傷など同僚に比べたらたいしたことはない。顔見知りの警官には交通事故で腰と頸部の椎間板ヘルニアになった者や凶暴な容疑者に肋骨を折られた者、至近距離から胸を何発も撃たれ療養中の者、さらには完全に常軌を逸した者に指を数本食いちぎられた者などがいる。それが救いだ。警官の健康保険はおおむね手厚く、保険には常にお世話になっている。

45

世間には自分よりずっと屈強ではるかに意志強固な者がいる。ウエイト・トレーニングのできない刑務所で筋骨隆々の肉体を維持する服役囚や刑務所の中庭で銃を奪うテクニックを身につけた者、自分の警官歴よりはるかに長い人生を刑務所で過ごしてきた受刑者など。こういう連中を相手にするのだから、警官はチームワークを駆使し、また知力で相手を出し抜かなければならない。応援を要請する場合は多ければ多いほどよい。たった一人の容疑者を取り押さえるのになぜ七人の警官が必要なのかと訊ねられたら、こう答える。

「あいにく八人目はいなかったのでね」

第3章　想定外の事態

想定外は必ず起こるものとして備えるべきだ。
オハイオ州パーキンス・タウンシップ警察署長
ティム・マクラング

46

任務で建物に入る場合、入り口のドアは鍵をかけずに開けておく。建物内で事態が悪化した場合、ドアに鍵がかかっていると応援の到着が遅れるからだ。手錠をつっかえにして扉を開けたままにしておくか、鍵がかからないようドアの隙間に名刺などを滑りこませておけばいい。

47

常に銃撃戦になることを想定し、弾丸が飛んで来たらどこに身を隠すか考えておく。車のエンジンなど弾を止めることができる「防御物」と、家屋の壁や車のドアのように銃撃犯の視線を遮るだけの「遮蔽物」を区別する。さまざまな銃撃戦のシナリオを同僚警官とリハーサルし、フィードバックではどの段階で銃器使用が可能だったかを検証する。日ごろの準備と心構えが生者と死者を分ける。

48

男性警察官が急所を強打された場合、両足でぴょんぴょん飛び跳ねるといくらかは痛みがやわらぐ。もし睾丸を銃で狙い撃ちされたら？　あらゆる助けが必要だ。

49

家に踏み込んで容疑者を捜索する時、同僚と自分しか人手がない場合は、ゴミ箱や自転車、それに子どもの玩具を裏口に積み上げておく。こうしておけば、正面をチェックしている間に容疑者が裏口から逃げようとしても音で居場所がわかるし、逃走を遅らせることができる。

50

囚人を警察署にパトカーで護送する時は、容疑者が不平を言おうが嘔吐しようが決して窓を開けてはならない！　後部座席に座っている間に手錠を外し、開いた窓から手を出して外側からドアを開け、停車するや森にダッシュして姿をくらませるかもしれない。

こういう不祥事は地元でニュースになる可能性がある。こういう失敗を見習い期間中にしでかせば、よくて長期停職、悪くすれば不服申し立ても許されずクビになることもある。

未確認情報だが、私がまさにこんな不祥事を起こしたという噂が複数ある。いや、実はこの噂は事実だ。

51

ナイフで武装した犯人と約六メートル半の距離で対峙しているとする。ある研究報告によると、犯人は警官が拳銃を抜いて撃つ前に走り寄って刺すことができる。よしんばもっと離れていたとしても、警官めがけてナイフを投げ胸に突き立てることは可能だ。こういうシナリオは、実際にナイフを投げつけられるまでは考えないものだが、一度でも体験すると今度は頭から離れなくなる。

52

レンガや銃など、一キロ以上の重さがあるものなら何でも武器になる。したがって容疑者のポケットが膨らんでいたら、所持品検査をする正当な理由になる。身体検査で近づく際は、武器や刃物を持っているかどうか問いただす。法律に従う市民の多くの答えはノーだ。それ以外の返事、たとえば相手が口ごもったり、「面倒に巻き込まれたくないんだ」などとはぐらかしてきたら、刃物や銃で襲われる前に手錠をかけて地面に組み伏せる。武器を持っているかと聞かれて返答を躊躇するタイプは、たいてい武装している。

FBIアカデミーには、どこにでもある小さな街を再現した「ホーガンズ・アリー」と呼ばれる訓練施設がある。多くの警察学校もこれのミニチュア版といえる模擬市街を設けていて、前述の「六メートル半ルール」などを実地に学ぶ。なお、模擬都市にある通りの名称は、通常、各警察の殉職警官にちなんで名付けられている。

53

テロ警戒レベルの高まりから、歩道に残されたスーツケースやバス停に置かれた道具箱も不審物として通報される。

現場についたらまず脅威度を査定する。自分が発見者でも不審物として通報したか？　大使館や巡回裁判所などターゲットになりやすい場所に置かれているか？　警戒を促すような異音をたてているか？　物体から電気コードが露出しているか？　最近、爆破予告はあったか？

爆発物だと判断したら交通を遮断して通行人を退去させる。この際、電波によって起爆する恐れがあるので無線の使用は避ける。あとは爆発物処理班の到着を待つだけだ。彼らは対爆スーツに身を包み、無人車両や携帯型X線装置を携えてやって来る。不審物が無害とわかっても、少なくとも表立って出動を要請した警官が非難されることはない。

だが、爆発物処理班が出動準備をととのえるには時間がかかる。また、都市の住人がガラクタを放置するのはいつものことで、いちいち大騒ぎをしていれば多くの人員や資材が無駄に動員されることになる。そこで爆発物処理班を要請する前に自分で調べる。誰がチェックするかを決めるのにくじ引きやジャンケンは必要ない。昔から行なわれてきた単純な人選方法。つまり、いちばん新米の警官が行くことになっている。

選ばれた者は男性であれ女性であれ、フェイスバイザー付きヘルメットを着用するオプションが与えられる。これは暴徒が投げつけるレンガや空き瓶から頭部を保護する装備で、爆発物は想定していない。むき出しの四肢が爆風で吹き飛ぶのはもちろんだが、ヘルメットも爆圧で頭蓋骨にめりこむだろう。気休めとわかっていても、爆発物らしき不審物に近づく際はヘルメットをかぶりたくなるものだ。

いよいよ不審物を確かめる段階になると、起爆装置を手にした爆弾魔が双眼鏡でこちらを見ているような気がしてくる。中を開けて、時限装置が「スリー、ツー、ワン」とカウントダウンしていたら……運の悪さを呪った途端、爆風で宙を舞っているだろう。

54

警官のコーヒー好きはよく知られている。優先度の高い無線連絡を受けたら、そんな一杯も窓から投げ捨てるのが鉄則だ。パトカーにはカップホルダーなどついていない。カップを手にしたままパトライト（警告灯）を点けサイレンを鳴らして急発進すれば、ヤケドするほど熱いコーヒーを股間にぶちまけることになる。

55

いつもどおりの任務であっても、パトカーを目的地の前に駐車させてはいけない。このスポットは「殺傷圏内」と言われ、停車と同時に危険にさらされるからだ。犬が吠えてうるさい、という苦情に対処するだけだとしても、なぜ吠えているのかまで考えてみる。ことによると、飼い主の家が武装強盗に襲われ

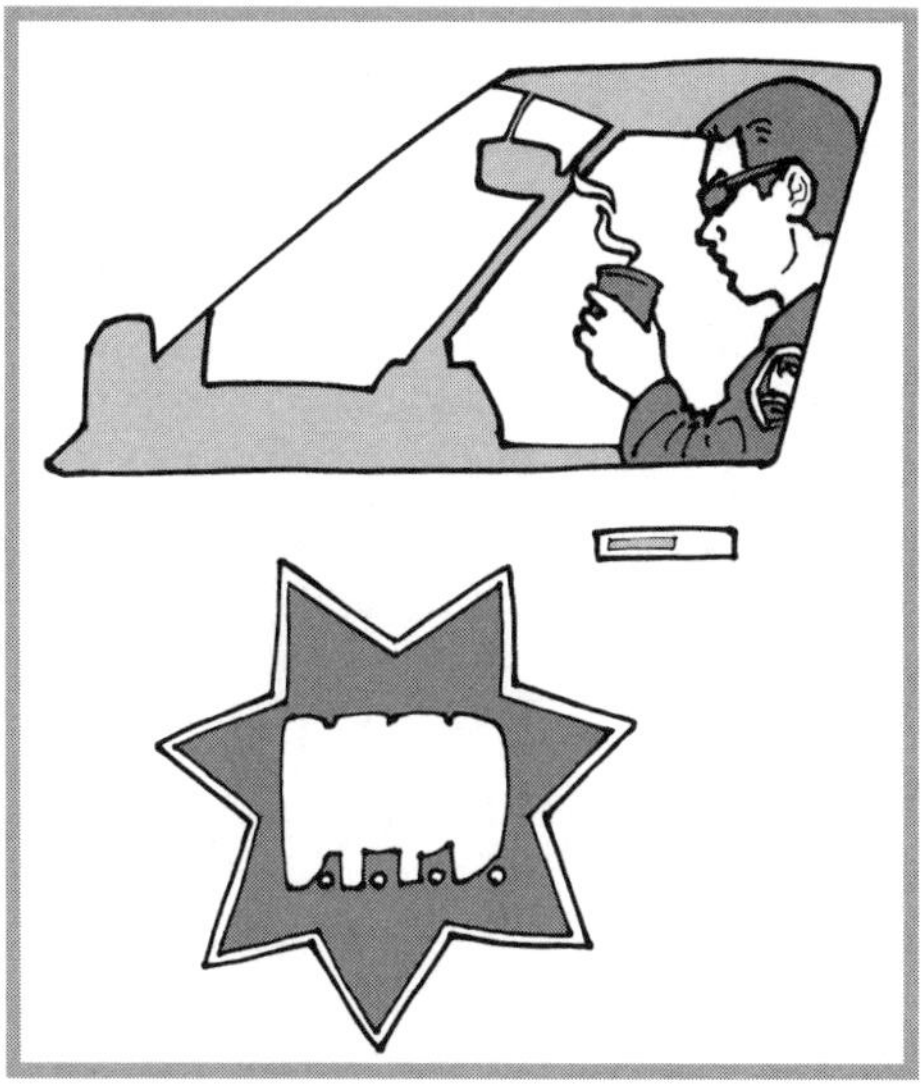

ているのかもしれない。面倒臭がらずに半ブロック手前でパトカーを停めて、現場に近づきながら状況を確認する。先のことは誰にもわからない。

56

多重衝突事故や乱射事件、あるいは災害などで負傷者が多数発生した状況では、医者や救命士による患者選別を待っている余裕はない。ただちに現場の警官がケガの状態に応じて治療の順番を決めなければならない。重傷者の手当に集中するため、まず歩ける者を片側に集める。次いで動けない者に声を出させて意識があるかどうかを確認。呼吸していない者がいたら気道を確保して人工呼吸を一回行なう。通常なら負傷者が反応しない場合は頭の位置を変えて、もう一度息を吹き込み、可能なら心肺蘇生術も始める。だが、そういう時間的余裕がないのが多数負傷者事故だ。一回目で息を吹き返さなかったら死亡しているものと判断して次の負傷者に対応する。死者に心を痛めている時ではない。ほかの誰かが助けを必要としているからだ。

57

現場に到着するや、当事者どうしが互いに怒鳴り合っている場面によく出くわす。金切り声はさらに高まり、堪えがたいほどだ。警官の前なら、ケンカ相手に何をぶちまけようが暴力沙汰にはならないと踏んでいるのか、あるいは、興奮ぶりを誇示することで警官を味方につけたがっているのかもしれない。

怒号にいかに対処するかは個人による。より大声で怒鳴り返す警官もいれば、もっと独創的な戦術を用いる者もいる。ある同僚は、人々が大声を上げている真ん中にどっかと腰を下ろし新聞を読むことにしているそうだ。やがて騒ぎが徐々におさまる。「あの警官、涼しい顔で新聞なんか読んでやがる」。当事者たちが困惑の眼差しを向けてきたら冷静になった証拠で、おもむろに聞き取りを始めるのだ。

58

警官の命は常におびやかされている。酔っぱらいのたわ言に過ぎない威嚇もあるが、信憑性のある脅しもある。武器の取り扱いに慣れている復員兵なら、文字通り両目の真ん中を撃ち抜くと脅迫してくるかもしれない。これでは防弾チョッキも役に立たない。

重犯罪捜査を指揮する警官を始末しようと殺し屋が雇われたこともある。職務遂行中に容疑者を射殺した警官は、復讐を誓う容疑者の友人や家族と戦う羽目になることもある。こういう状況では、警官は自分の家族に暴力が及ぶことを恐れ、応援を呼ぶための警察無線を自宅に持ち帰るようになる。

警官にとっては、我が家ですら必ずしも安全な城とはいえない。

59

路上で使われる武器の中には口紅にしか見えないものもある。リップスティックの代わりに物騒なナイフがせり出してくる驚きの仕組みで、相手のアゴに小穴を開けることができる。このほかにベルトのバックルに仕込まれたナイフや携帯電話の形をした銃、財布にすっぽり入る二五口径のデリンジャー拳銃などがある。本物の拳銃の銃口を赤く塗ってモデルガンに偽装したり、散弾銃を水鉄砲に見えるよう改造したりするギャングもいる。この手の武器にはめったにお目にかからないが、ただでさえ疑心暗鬼に陥りやすいこの職務では、特殊武器の存在を知ることでより用心深く慎重になる。知っておいて損はない。

60

防弾チョッキには自分の血液型を大きな文字で書いておく。銃で撃たれた場合、運ばれた外傷センターで血液型を聞かれる。しかし興奮状態で思い出せないこともあるし、話せる状態ではない可能性もある。救急救命センターのスタッフはどこに血液型が書いてあるか心得ている。

61

どんなに小さな傷口でも必ず覆うようにすること。警官が接触する人々は潔癖症とはほど遠く、なかには感染性疾患を罹っている者もいるからだ。逮捕時に防刃《ぼうじん》グローブをはめることで、容疑者がポケットに忍ばせているカミソリの刃を防ぐことができる。また、半年もシャワーを浴びていない者を素手でつかむとベットリ張りついてしまうことがある。手袋はいつもすることだ。

62

警官はいったん任務を与えられたら決して他人任せにはしない。何でも自分で対処するよう習慣づけられているからだ。もっともこの警官気質が時としてケガにつながることもある。部屋でペンキをスプレーしている店子がいるとの大家の苦情で出動。部屋の外でも臭いは強烈で、借家人に廊下に出てくるよう伝えたが応答がない。室内に入るや同僚も私も揮発性の臭気で目が痛み、息もできない。住人はベッドに座っていた。すぐ横に業務用シンナーの缶が置かれシンナーを浸した靴下を握りしめている。男の目には生気がなく口はあんぐり開けられたまま。同僚と屋外に引きずり出して深呼吸させた。

救急車を呼んだあとになって、この間ずっと彼がライターとタバコを手にしていたことに気づいた。もし部屋でタバコに火をつけていたらどうなっていたか？　後日、同僚とじっくり考えてみたが、爆発で我々の肉片は一ブロック四方に飛び散っていただろう。タバコの件は別にしても、気化したシンナーがコンロの種火に引火して爆発を起こさなかったのは奇跡と言っていい。爆死の可能性に思いをめぐらせるにつけ、安堵の笑いを止めることができなかった。

爆発物処理の際、最小安全距離は約九〇メートルで、これはフットボール場か一戸建て一二軒分にあたる。我々は九〇メートルどころか爆心地にいた。この一件から学んだ教訓は、危険物がらみの事態は消防に任せるということだ。消防士は待機中ネットサーフィンするか消防士カレンダー撮影のオメカシをしているかだから、たまに現場に出て生活の糧を稼いでもバチは当たらないだろう。

63

職務中は安物の腕時計をはめる。容疑者を追跡中にフェンスに挟まったり、地面に組み伏せる際に引っかき傷だらけになるのは日常茶飯事だからだ。

同様の理由から勤務中に結婚指輪をしない警官もいる。指輪がフェンスに挟まると指の一部ごと千切れてしまうのだ。もっともほかの理由ではめない者もいる。ある既婚の警官は「浮気するのが好きでね」と朗らかに言ってのけた。

64

警官には緊急車両運転研修に出る機会がたくさんある。警察学校ではもちろん配属後も実地訓練が行なわれる。現場まで辿りつきたかったら安全運転しろと教官は口を酸っぱくして言う。また、パトカーの警告灯とサイレンも事故を防ぐ魔法の合図ではないと繰り返し忠告する。

だが、ことに新米のうちは緊急任務で出動する際、つい無茶をしてしまう瞬間がある。赤信号で減速したものの、前方確認せず交差点に入り間一髪で側面衝突を逃れたとか、濡れた路面でハイドロプレーニング現象が起こり歩行者を轢きそうになったなどの体験だ。

武装強盗発生中との通報や、無線から「応援を頼む」と繰り返す同僚の声が聞こえると、研修の教訓などきれいさっぱり忘れてしまう。しかし一度このようなニアミスを体験し震え上がると、もう二度と無理な運転はしないと誓い、そのうえで任務を遂行するようになる。九死に一生を得る体験は、順風満帆の人生と人生最期の瞬間が、実は紙一重であることに気づかせてくれる。

65

緊急連絡で現場に急行。容疑者が潜むと思われる家に入る際、入り口で二の足を踏んではならない。絶好の標的にならないよう素早く移動し続けることが必要だ。玄関口で手間取れば撃ってくれと言うのも同じなのだ。容疑者を一人倒しても気をゆるめず共犯に注意を払う。警官は二人目に殺られることが多い。

66

広大な地域を管轄とする警察の場合はとくにそうだが、アメリカ合衆国大統領がやって来る確率が高い。大統領を警護するシークレットサービスは、交通整理や外周警備に地元警察の協力を求めてくる。彼らと一緒に仕事をすることになるわけだが、法執行機関の序列の中で一介の警察官がいかにとるに足らない存在であるかを味わうことになる。

シークレットサービスはプロ中のプロで洗練されている。現場警官が使い捨ての存在に過ぎないことを指摘する時ですら、彼らの言葉遣いはあくまでも礼儀正しい。大統領の命を狙う者を制圧するためなら、シークレットサービスは警官の身体を撃ち抜くことも厭わない。暗殺者が出現したら、間違っても捕まえようなどという殊勝《しゅしょう》な気は起こさないことだ。大統領を守るのはシークレットサービスであり、警官ではない。運悪く悪者のそばにいたら、蜂の巣にされて名誉戦傷章を授与されるのがオチだ。彼らの射撃の腕が悪いと言っているのではない。実際、連中は射撃の名手だ。ただ、自由主義世界の最高指導者を警護するという至上命令の前では、それ以外ほぼ目に入らないということだ。

大統領の訪問中、複数の対狙撃チームが密かに出番を待っている。彼らは最新の武器を装備したエージェントで、カフェイン入りガムを噛みながら二四時間体制で大統領を守る。暗殺者が現れる瞬間のためにだけ訓練に訓練を重ね、いかなる敵も瞬時に制圧する火力を持っている。

いったんシークレットサービスがかかわってきたら、現場警官は邪魔物に過ぎず出る幕はない。これは自ら危険に立ち向かうのを信条とする警官にとって、すぐには理解できない考え方だ。ならば対狙撃チームの出番が本当にまわってきたら、警察はどう対応すればよいのか？　シークレットサービス・エージェントが本物の親切心から同僚に言った。

「床に倒れ死んだふりをしていてください」

67

礼儀正しい犯罪者ほど危険なものはない。うんざりするほどていねいな言葉遣いで油断させ、同時に、こちらの弱みを探りつつ戦うか逃げるかを見極めている。決して隙を見せてはならない。カントリーソングの一節みたいに聞こえるが、警察関係者に言い継がれてきた格言を忘れないことだ。「世界中でたったひとり信用できるのはお袋だが、それだって内心はわかったもんじゃない」

68

危険を伴う車両停止と職務質問は通常、指名手配中の重罪犯か武装犯の乗車が疑われる場合に行なわれる。理想的条件下なら、手順に従って整然と行なわれる。まず二台のパトカーが容疑者車両の斜め後ろに停車し、各自、明確に分担された役割を果たす。バックアップ用のパトカーのドライバーは容疑者の車の運転席側をショットガンで、同僚は拳銃で狙う。逮捕の一部始終を指示するのはメインのパトカーのドライバーだ。拡声器を使い「エンジンを切れ」「鍵を車の屋根に置け」「ゆっくり車から降りてこい」「両手を挙げろ」「その場で一回転しろ」（腰のベルトに拳銃を隠し持っていないかを確かめるため）「拡声器の声に向かって後ろ向きに歩いてこい」。そして手錠を持って待ち構える警官の前まで来たところで「地面に横になれ」と命令する。

うまく行けばスムーズかつ機械的に事が進むはずなのだが、往々にして警官の指示など歯牙にもかけない者がいる。ある晩、出くわした盗難車のドライバーがそうだった。名をベスナといった。チェコスロバキア出身の売春婦で英語が話せた。拡声器の声に従い車から出てきたものの、ベスナは平然とタバコを吹かしている。あとの指示はすべて無視し、横目でこちらを伺いながら紫煙をフーっと吐き出すばかり。「バカバカしいったらありゃしない」とでも言いたげだ。私は五メートル弱の距離からショットガンで狙いをつけていたのだが、ベスナは知らん顔を決め込んだ。これがチェコスロバキア流の警察のあしらい方に違いなかった。ともあれ、一連の振る舞いがその場の状況にあまりにも似つかわしくなかったのでおもわず吹き出してしまった。

で、我々はそのままベスナに近づいて逮捕した。時には手順を省くこともある。

69

勤務中立ち寄ったレストランでトイレを使う場合は、注文した食事や飲み物を見ていてもらった方がいい。悪意を持った者が唾したり麻薬を混入する確率こそ低いものの、用心するに越したことはない。不特定多数の人々に警官の身分を知られないよう、仕事以外では所属警察を記したシャツは着ない。マイカーに警察のバンパーステッカーを貼ると、権力嫌いの連中や三度目の飲酒運転で捕まったドライバーが腹いせに窓ガラスを全部割ってしまうかもしれない。バンパーステッカーは皆に好かれる消防士が貼ればいいものだ。世の中には警官嫌いもいる。警官の中にも警官嫌いがいるほどだ。

70

初めて飛び降り自殺をほのめかす者に出くわすと、誰しもどうやって救ったものかと思案をめぐらす。警官として、土壇場に追い込まれた人を助けるのは当然のことだ。

しかし目の前の自殺志願者のことは何一つ知らないのだから、はやる心を抑えることも必要だ。ことによると道連れが欲しいのかもしれない。命知らずの英雄気取りや絶壁上の闘いに巻き込まれる事態は避けるべきだ。こういうケースではプロの交渉役が来るまで会話を引き延ばすのが基本。この際、まず氏名を聞き名前で呼びかける。相手の言い分を引き出すわけだ。多くの場合、仕事をクビになったり、心配してくれる家族も友だちもなく天涯孤独だったり、不治の病に冒されていたりと不運な身の上だ。いつだったか老いゆくボクサーが、まず反射神経がダメになり、ボクシングが続けられなくなり、やがて友だちも去っていったという話を思い出す。

話し相手になるのも手だが、飛び降り自殺の志願者にいちばん効くのが実はタバコだ。だから任務で携帯するバッグには必ずタバコを一箱入れておく。タバコを一本吸わないか、いや、箱ごとやろうという申し出で自殺を思い留まった者は一人に留まらない。その際、ライターも忘れないこと。火のついていないタバコでは話にならない。

71

映画ではかなり細身の警官でも一発でドアを蹴破るが、現実はそうは行かない。いつだったか二七回も蹴り続けたことがある。なぜ覚えているのかというと、隣で巡査部長が元気よく数えていたからだ。テクニックの観点から言うと、ドアの真ん中を蹴ってもダメで把手のすぐ下を狙う。前蹴りは勇ましいが、ドアに背を向け漫画に出てくるロバのように激しく蹴るのがいちばん効果的。肩からドアに突っ込んでもアザだらけになるだけで、扉はびくともしない。

無線連絡を受け数人の同僚警官と現場に行ったとしよう。ドアを壊す必要がある場合は、その場で相談して蹴る役を決める。映画やドラマにはこの手の会話は出てこないが、実際はいつものことだ。一人は背中の手術を受けたばかりでできない。もう一人はこの間やったので一回休み。女性警官はブーツの代わりにスニーカーで仕事に来たのでこの役は務まらない。たいていは新人にやらせることになるが、新人なら現場の雰囲気にテンションが上がり、言われなくてもオンラインゲームの主人公気取りでドアを蹴破って入っていくだろう。

とは言うものの、時たまどうしても突破できないドアに出くわす。金属製だったり外側に開くタイプだったりする場合だ。こうなると消防を呼ぶしかない。連中は内部に入るためのありとあらゆる道具を持っている。だが、自分たちの手に負えず消防士の助けを借りる時はやはりいささか気落ちする。実はこれ、消防士も同じ気持ちだ。なぜかって？消防署でバスケットボールの試合に興じていたところを邪魔され、仕事に出ていかなければならないからだ。

72

警官の殉職につながった事件や事故の九割が、任務遂行中に何らかのミスを犯した結果だと見られている。武装した犯人を追って見通しがきかないかどを曲がったとか、盗難車を追って前方確認しないまま赤信号を突っ切ったとかいうこともあるだろう。殉職した同僚らのことを悪く言いたくはないが、彼らの死の多くは防ぐことができたものだ。ピューリッツァー賞作家のアニー・ディラードがどこかで書いていたように、危険というヤツはうまく付き合いさえすればこの世で最も安全なモノ、なのだ。したがって危険が待ち受ける現場に応援やプランなしで単身乗り込むべきではない。生身の警官がスーパーマンのように振る舞ってはならない。

73

エンジンキーを挿したままの車から容疑者

を引きずり出そうとしないこと。まず、降りる気のない者を車外に引っ張り出すには木の根を引き抜くぐらいの困難がともなう。相手が巨漢ならなおさらだ。第二に、そしてこれがもっと重要なのだが、もしドライバーがエンジンをかけアクセルを踏み込んだら、警官の身体はドアと車体の間に挟まれてしまう。結果は車から放り出されるか引きずられるかの二つに一つ。いずれの場合にせよ、相当な苦痛と負傷は避けられない。自分はこれを実体験で思い知らされた。

74

万事順調そうに見えても警官は用心を怠ってはならない。ボリュームのある食事を終えたあとや、勤務時間が終わりに近づき週末の計画を立て始めた時にかぎって、酔っ払い運転の車がパトカーに追突したり目の前で発砲事件が起きたりするものだ。職務中に気をゆるめることは禁物。リラックスするのは帰宅してから。警官の敵は慢心なのだ。カリフォルニア州ニューホール市のガソリンスタンドで四人の警官を殺害したボビィ・オーガスタ・デービスはこう言っている。「ヤツら油断してやがったんでね、殺してやったわけよ」

発砲事件に巻き込まれたことがある警官の中には、絶対に警戒心をゆるめようとしない者がいる。公共の場では非番であっても目を閉じようとせず、長いフライトでも仮眠すらとらない。教会での祈りの最中も例外ではない。彼らはどんな危険が降りかかってくるか常に見極めようとしているのだ。

第4章　市民との付き合い方

レイチェル「法律なんて関係ないわね」
ブック「驚くことじゃないさ。みんなそんなもんだ」
『目撃者』ジョン・ブック刑事（ハリソン・フォード）

75

市民が怒鳴りつけてきてもグッとこらえる。ヤジで警官が癇癪を起こしたら群衆の勝ちだ。

76

密入国者の中には身分証明書もなければ、正確な生年月日も知らないという者が時々いる。不法移民は出生証明が発行されない辺鄙《へんぴ》な土地から来ている場合もあるから、これを一概に嘘だとは言えない。こういう者を逮捕したら、まず指紋データベースに照会してヒットがないか調べる。が、何も出てこない場合でも書類の生年月日を空欄にしておくわけにはいかない。そこで警官が生年月日を与えることになる。私が処理した時は七月にしたが、容疑者はまんざらでもない様子だった。気候も温暖な七月は誕生日には格好の月なのだ。書類を作り終わったあと、なにやら神様にでもなったような気がした。「汝に出生の日付を与え、生を授けた。船出し、実り多き人生を送らんことを」

77

銀行強盗の警報で現場に駆けつけ、容疑者

がまだ行内に居残っている可能性があれば、ただちに非常線を張って一帯を封鎖する。包囲する警官はショットガンを構えて突入命令を待つ。このような状況下でも、車で乗りつけて「銀行、閉まってるの？」と聞いてくる市民があとを絶たない。ある時「その通り。銀行強盗が進行中だ」と伝えた。すると男性は「ちょっと中に入ってキャシュカードを使ってもいいかな？　現金がいるもんで」と弁解がましく言う。よりによって強盗に遭った銀行のＡＴＭだけが「金の成る木」だとでも言いたげな口調だった。

78

警察の出動を求める通報のなかで、近隣住人どうしのいさかいだけは手にあまる。なかには実際に犯罪が起こり、失われた秩序を回復するまっとうな任務もある。しかし、たいていは大袈裟、かつ込み入った口喧嘩で、長年にわたる不和が背景にある。双方の住人が同時にやって来て、自らを悲劇のヒーローに、相手を悪漢に仕立てた長口上を始める。たとえばこんな具合だ。

「お巡りさん、聞いてくださいよ。三週間前マイカーに傷をつけられたんですがね、ここにいる隣人がやったんだと思うんです。数日前には私をバカ呼ばわりしたし、子どもたちはうちの家の前でスケボーするし、それも毎日ですよ」

するともう一人がこんなことを言い始める。「お隣の木の枝なんですが、敷地境界線を三〇センチも超えて垂れ下がっているんですよ。昨日は家庭菜園のトマトがいくつか踏みつぶされていましたし……」

彼らが求めているのは精神的・経済的損害の修復。法律でいう修復的正義だ。しかも、いまこの場で警官がそれを叶えてくれることを望んでいる。

こういう不平不満はとどのつまり些《さ》末事《まつじ》で、ほとんどの場合、道理をわきまえない連中の自業自得だ。言い分を聞いているだけで歯ぎしりしたくなる。**この手の通報で出動する警官の仕事とは、基本的に子守に毛が生えたようなもの。平和共存能力に欠けた住人らには、警察本来の使命や目的が理解できない。**

いつだったか同僚のスティーブ・ピンカードが指摘したように、この手の連中は大人の顔をした駄々っ子なのだ。もちろん警官はできるだけのことをするが、当事者どうしをコミュニティの調停サービスや民事裁判所に行かせるのが関の山だ。不愉快な隣人であることとイコール違法行為ではないからだ。人生コラムで礼儀作法についてアドバイスする評論家なら、無礼な態度をあらためるように助言もできるが、警察はそうは行かない。良き隣

> 隣人をめぐるトラブルでも際立って馬鹿げていたのが、悪意に満ちた目でにらまれたという通報だ。まず、どんな視線だったのか描写してみろと言いたい。怒りで隣人の額に深いシワが寄っていたか？　同時に歯も食いしばっていたか？　太陽がまぶしくてただ目を細めていただけではないのか？　いやその日は曇っていたって。なるほど、天気情報のネット検索で裏付けがとれた。よろしい。では、太陽に関する容疑者の言い分は調書から外すことにする。

人とは警官が作り出せるものではないからだ。もっとも、この類の通報が警官の雇用を保証しているのは事実。にもかかわらず、犬のフンの後始末をめぐる論争の仲裁中に強盗事件発生との連絡が入ってきたりすると、警官がいささか短気になるのはやむを得ないだろう。

79

言うは易しだが、警官の職務がその時々の気分に影響されるようではいけない。むろん、家庭での厄介事を仕事にまで持ち込んでしまうことはあるだろうし、奥さんや子どもとの揉めごととか、金銭問題、健康に関する心配だってあるかもしれない。朝六時まで勤務し、そのまま九時に裁判所に出頭したあとは、誰だって警察のモットー「市民の保護と市民への奉仕」など忘れて、ひと眠りしたいところだ。だが、いったん制服を着たらそんなことは言っていられない。一般市民にとって警官の私情などどうでもいいことだし、気にかけるべき理由もない。制服をまとったら万事順調という外見を取りつくろわなければならない。ある警察学校の教官はこれを「舞台演技」と呼んだ。さあ、ショーの幕は開いた。

80

世の中には、ひたすら警官を忌み嫌う者がいる。なかには警官から不当な扱いを受けた結果、警察嫌いになる人々もいて、それは理解できる。強盗事件の現場に駆けつけた警官が、たまたま見つけた麻薬性鎮痛剤を隠匿したなどの不正行為が原因かもしれない。レイプ被害者がパトカーの後部座席で事情聴取を待っている間、前席の巡査らが無神経にもスポーツ話に興じていたことだってないとは言えない。

しかしながら、警察を嫌悪する者たちの大部分は犯罪者だ。警官には逮捕権があり、犯罪者の好き勝手にはさせない。だから連中は自分の子どもたちに警官に対する憎悪を植えつける。こうして警察への憎しみが世代を超えて連鎖していく。ほかには犯罪防止努力が不十分だとして警官を責める人々がいる。ところがこの人たちは、なぜか火災防止では消防の怠慢を非難していないように思われる。

警察嫌いを自称する典型的な人間は、ある階層からくる場合が多いように思われる。大衆ウケを狙った悪趣味なトークショーのゲストに見られるタイプで、スキャンダルや無秩序を好み、理性と礼節に欠ける連中だ。この手合が住むコミュニティにパトカーを停めて戻ってくると、道に撒く塩を使って「警官187」と描かれているのが常だ（187はカリフォルニア州刑法で殺人を意味する。すなわち「警官に死を」）。巧みな広報活動をもってしても彼らを味方に引き入れることはできない。警官が任務を立派に果たせば果たすほど連中にとって都合が悪くなるからだ。自らの利益と相容れない体制そのものが気に入らず、警官は最も目障りな権化《ごんげ》にほかならない。警官は自分たちのために存在するのではなく、体制の現状維持のためにあるという視点だ。

警官を最も必要とするコミュニティの住人が筋金入りの警察嫌いとは皮肉なものだ。市民の協力が警察業務遂行に不可欠であることを考えると、彼らとの関係修復を試みなければならない。重犯罪容疑者を見失った際、通行人が逃走方向を正しく示してくれるかどうかは、警官に抱く印象次第だからだ。

とは言うものの、修復不可能な人間関係は確かに存在する。面と向かって「お巡りは見るのも嫌だ」と言う相手には「それはお互いさまだ」と答えてやってもいい。

もちろん感謝の気持ちを伝えてくる市民に出会うこともある。容疑者の車を追跡中、通行人らが拳を振り上げ「悪党どもをやっつけろ！」と警察との連帯を示してくることもある。また、手錠をされた麻薬容疑者がアパートから連行されるのを見て、居住環境の悪化に辟易《へきえき》していた住民が「よくやってくれた！コカイン中毒のイカレタ連中をぶち込んでくれ」と声を上げることもある。このような感謝のフィードバックは本当にうれしい。現場にも警官を応援してくれる市民がいることを忘れてはいけない。

81

警官を悩ます手合いに「決して黙らない人々」がいる。男性にしろ女性にしろ、理性の通じないアルコール中毒者であることが多い。みだらな言葉でひたすら罵り続け、手がつけられない。彼らの暴言に効く治療薬や解毒剤も、ましてや彼らにはめる口輪も、警察の官給品リストに見当たらない。連中の声が枯れるか咳の発作でも起こすことを願うばかりだ。

彼らが病院に搬送されることになった場合、精神安定剤のハルドールが特効薬だ。一回の投薬でたちどころに大人しくなる。ほとんどの警官は製薬会社のリベートなしで、喜んでハルドールを推薦するだろう。

82

警官の仕事をしていると多岐にわたる精神疾患に遭遇する。底なしの洞窟にも似た心の病には畏怖を禁じ得ない。自分の排泄物に金銭的価値があると思い込み瓶詰めにする男性と話したり、他界した成人の息子が身体の中に棲みついていて苦痛だと言い張る女性を助けたりすることもある。躁鬱病と糖尿病を患う男を逮捕すると、ウロコ状になった足の皮膚から膿が滲みだしている。彼は見えない友人と切れ目ない会話を続け「マスタードガスに気をつけろ」と忠告してくる。自殺未遂通報で駆けつけると、女性が睡眠薬九〇錠と咳止め薬二本を飲み下したうえ手首を切り、おまけに窒息死しようと頭からビニールの袋をかぶっている始末。

これら悩める魂の持ち主は、通常の精神障害治療ではどうにもならない場合が多い。薬があっても飲もうとしないか、飲んでも時たま。薬以外の助けも必要としている。健康な食事とか、正常な話し相手とか、シラミやダニのいない暖房つきアパートのことだ。彼らはコミュニティでは知られた存在で、ほとんどファーストネームで通る。こういう面々を

> 精神障害者の中でもひときわ目立つ、伝説の女性がいた。死んだネズミを収集する異常な好みを除けばそこそこマトモだった。ある巡査が助けになろうと話しかけると、彼女は死骸のひとつを投げつけた。ネズミは巡査の歯に命中、腐乱した体液をまき散らした。

治癒することができる人物がいたら、それは並み外れた賢者だろう。

　重い精神疾患を患う人々といると、ふだんよりものごとを深く考えるようになる。彼らの心の状態について、理性と狂気の境とは何なのか、明快に表現しようと試みる。しかし結局のところ、病んでいるのが自分でなくてよかったと結論するのが関の山。

83

　容疑者と話す時は、彼らにとって大切な人や家族の面前では、見下したような態度は慎むべきだ。最近会社をクビになり家族をどうやって食べさせていくか悩んでいる容疑者もいるかもしれない。人が最後に残された自尊心にすがりついている時、それを本人の家で、しかも妻や子どもの目の前で傷つけるのは正しいやり方ではない。それなりの敬意をもって接することだ。ことによると、相手も敬意をみせてくれるかもしれない。

84

　切断されたばかりの手足に出くわした場合、切断部位を冷却しつつ乾いた状態にしておかなければならない。氷に直接触れさせると細胞組織はすぐ壊死し始め、再接合手術の成功はおぼつかなくなる。

85

　学校やスポーツチームへの募金集めで、レモネードや福引券を売っている子どもに出会ったら必ず買ってやること。現金の持ち合わせがなかったらATMで下ろして買う。このルールに例外はない。

例外なきルールがもう一つある。道を尋ねる市民がいたら、緊急任務についている場合を除き、やっていることをひとまず置いて応対する。地域社会に密着した警察業務にはこれが欠かせない。手助けを必要としている人々には丁寧に接するということだ。パウウェル通りとマーケット通りの交差点で立ち番勤務中、手にした地図と警官の顔を何回も見比べながら、「パウウェル通りとマーケット通りはどこですか?」と聞いてくる人が立て続けに四人現れても、毎回親切に対応するのが鉄則だ。

86

警察に対する苦情の申し立ては年がら年中ある。苦情を一度も受けたことがない警官がいたら、それはおそらく警察署からほとんど出ないということだ。申し立ての理由は何でもあり。態度がごう慢だとか、正当な理由なく停車させたとか、警官がこちらの言い分を信じず逮捕すべき者を拘束しなかったなどなど十人十色だ。こういう申し立てはひとつ残らず調査しなければならない。この点で、所属する警察労働組合が強いと助かる。苦情処理などで力になってくれるからだ。もっとも苦情申し立ての常連には長い犯罪歴があったり、はっきり言ってマトモでなかったりする。上司の警部補に電話して、私の出す「オーラ」について文句を言った女性などその典型だ。

苦情の多くが根拠に乏しいものだとしても、なかには正鵠《せいこく》を射たものがある。裏付けのとれた不満や抗議は、しばしば法執行機関に共通の弱点に起因する。警官は自らの言動に対する説明や弁明が不得手なのだ。典型的なケースは次のようなものだろう。

強盗事件の通報があり、警官らが容疑者の特徴と一致する若者数人を呼び止める。銃を突きつけ、うつ伏せにさせる。手錠をかけたうえ武器を隠し持っていないか検査。全員に逮捕状が出ていないかチェックする。取り調べが続くなか、真犯人が数ブロック先で逮捕されるか、被害者が手錠をかけられた若者を見て犯人ではないと証言する。この強盗事件に関しては、容疑者全員がシロだと明らかになる。そこで警官たちは拘束していた若者の手錠を外し「とっとと消え失せろ」と言い放つ。

この一件を分析してみよう。まず、容疑者の特徴と一致する若者数人を拘束。この際、怒号や命令が飛び交い、銃が抜かれ、手錠がかけられる。これは合法だろうか？　もちろん合法だ。容疑者が真犯人であるか否かにかかわらず、より多くの情報が得られるまでは、疑ってかかるのが警察業務の基本だ。

そして、釈放の際の無礼なひと言。しかも拘束理由に関する説明すらない。ここが問題だ。

こういう対応は、前科者の容疑者に対し一部の警官がいだく心理をストレートに反映している。つまり、今回はシロでもほかの事件ではクロだったという考え方である。容疑者らの顔を地面に押しつけ、ショットガンを頭に突きつけたことを後悔したりしない。なぜならあんなゲスな連中に説明など要らないからだ。

まさにこのような状況に対して苦情申し立てがなされる。一七歳の息子が地元警察にどんなひどい扱いを受けたか。それを聞いた両親はどのように感じたかを考えればわかるだろう。

このケースでは、まず子どもたちの手錠を外し、衣服の埃を払ってやり、ケガがないことを確かめたうえ、拘束理由を説明し、誤解に対して謝罪することが最低限必要だ。誤認拘束を謝るのではない。たとえ数分とはいえ、悪名高い銀行強盗デリンジャーのように扱われるのは愉快なことではないし、銃を向けられるストレスは尋常でないから謝るのだ。基本的権利である自由の剥奪は由々しき事態であり、これも謝罪理由だ。

拘束した容疑者が強盗の常習犯で、今回の事件にたまたま関わっていなかったとしても、次に捕まえるまでは愛想よく接しなければならない。

他人への親切は健康によいそうだ。まあ、血圧を低く保つ効能ぐらいはあるだろう。

87

復讐に対する恐怖は、犯罪の被害者や目撃者の心に重くのしかかる。ある市民が犯罪を通報したとしよう。その結果、通報者の家の窓ガラスがすべて叩き割られたり、裏通りでバットの一撃を顔面に受けたりすることがある。大切にしている物を壊され、気力や健康がくじかれてしまったりもする。仕事を休まなければならなくなり、壊された物の修理代や治療費などで大きな出費を余儀なくされる。しかも貯金があるとは限らない。通報者はビクビクして暮らす羽目になるが、犯罪者は逮捕されても欠勤を気にする必要はない。もとより仕事などありはしないだろう。こうして犯罪者に有利な状況が作り出される。

したがって警察への通報は匿名が多くな

る。「通報者が自宅には来ないでくれと言っている」と通信指令室が無線で付け加えるが、このことで市民を責めるのは酷だろう。目撃者保護のための接近禁止命令が有効なこともあるし、警察調書では通報者を匿名にできる場合もある。

しかし、公開が原則の法廷では被告には告発者と対面する権利が認められており、ある時点で名前を公表しなければならない。この問題に簡単な解決策はない。あるとすれば、目撃者の自宅付近でパトロール回数を増やすことくらいだろう。旧約聖書に「目には目を」とあるように「復讐する者は復讐される」ことをわからせるためだ。

88

法令順守が正しいと信じて法律に従う人々

がいる。法律に従わなかった結果、たとえば悪事が露見して恥をかいたり、金銭や仕事または伴侶を失ったりすることを恐れて従う人たちもいる。私たちの多くが銀行強盗や酒類密輸に手を染めないのは後者の理由による。

しかし、世の中にはこのような抑制がまったく効かない一握りの人々がいる。このグループのほとんどはホームレスかそれに近い者たちで、しばしば精神疾患を患っている。なかには公共の場所での飲酒、風紀びんらん行為、盗みなどで何百回も逮捕された者もいる。彼らは逮捕も刑務所も恐れない。どのみち明日行くところなどないからだ。いやむしろ逮捕されれば、寝床と三度の食事が与えられるうえ四人仲間にも再会できるだろう。こういう連中に法の順守を強いる魔法の杖は存在しない。死刑を廃止した州で服役する終身犯が看守を刺すのと同じで打つ手がない。死ぬまで刑務所につながれる運命の者に対し、サンドイッチをマヨネーズ抜きにするとか、いつもより固いマットレスに寝かせることが説得材料になるとでも言うのだろうか?

89

警官の仕事を続けていると、病的な収集癖の人間に出くわすことも多い。七月だというのに壁にクリスマスの飾り付けが残っていたり、過去三〇年分の新聞を詰め込んだ木箱が天井まで積み上げられ、部屋を行き来するための狭い道がガラクタの中をクネクネ伸びていたりする。こういう家には、時折、思い出したように歌い出す魚型時計みたいな骨董品がしばしばある。模型飛行機や木彫のアヒルなどの雑多な小物や、それにそう、なぜか必ずハエ取り紙がある。掃除はめったにされない。こんなところに、家事上手や整理整頓を売り物にする女性週刊誌の編集者が来たら、たちまち癇癪を起こすだろう。

90

良きサマリア人、つまり、時には危険を冒してまで他人に救いの手を差し伸べる人間は確かに存在する。そういう善意の人の活躍は本当にありがたい。しかし警官をやっていると、その正反対の例を見ることの方が多い。現場刺傷事件の通報であるバーに向かった。現場に着くと、男が床に仰向けに倒れており、まわりの血の海が見る見る大きくなっていった。男性は頬から額にかけてギザギザに切り裂かれており、それが苦笑いしているかのように見える。六人ほどのやじ馬が取り囲んでいたが、助ける素振りを見せる者は誰もいない。バーの店員はなんと被害者のまわりをモップで拭いていた。男を見下ろすその様子は「ねえ、お客さん、頸からの出血が止まったら床をもっときれいにできるんだけどな」と言っているかのようだった。死にかけている男の隣でモップとバケツを持つバーテンはあまりに現実離れしており、当初どうしていいかわからなかった。こういった手合いを描写するのにふさわしい表現がある。「アスホール」（訳者注：尻の穴を意味する卑語。転じて「ゲス野郎」）だ。

91

抗議活動に寛容なサンフランシスコのような街では、デモ隊の監視任務に駆り出されることがある。デモ参加者の多くは分別があり、信ずることに情熱を注ぐ人々だ。デモに来ることで、ある問題について自分の立場を明確に示そうというのだ。社会に無関心がはびこり、オンライン・ゲームなどの娯楽に夢中になる者が多い時代、彼らの熱意は大歓迎だ。しかしこれらのデモ参加者たちはほどなく、より声高で過激なグループに飲み込まれてしまう。混雑する交差点を我が物顔で占拠し、たまたま近くにいるという理由だけで、我々警官をナチ、独裁者、ブタ野郎などとなじる非主流派の連中だ。「すべて占拠せよ」と書かれたTシャツ姿の陰謀論支持者は警官に、多国籍企業やメガバンクに雇われているのかと迫り「ファック・ポリス（警察なんかクソ食らえ）」と声を荒げる。その中からしゃしゃり出てくるのは、なぜかたいていヘッドバンドに細身のジーンズ姿の軟弱な若者なで、「警官なんか撃ち殺されればいいんだ」とのたまう。彼らによれば、組織的な暴力に加担し、経済活動の名の下に人類の略奪を許しているのが警官なのだそうだ。

こういう輩にとって、現行制度が気に喰わないのはわかる。だが、それに取って代わる社会システムとは何なのだろう。警察などない社会の方がよいと言うのか？　そんなコミュニティがあったら、手当たり次第に家々の呼び鈴を押し、出てきた家人を物も言わず殴りつけても構わないことになる。

何しろ警察が存在しないのだ。犯した行為の結果を心配する必要もない。

概してこういう連中は苛立たしい存在だが、ことさら辛くあたることもないだろう。無知もここまでくれば、ある種の地獄に落ちたようなものだから。

92

通報を受けて駆けつけると、玄関先で奇妙な姿の家人が出迎えてくれることがある。家の主人がズボンを履いていないこともあれば、体重一六〇キロはあろうかという女性が、ピチピチの豹柄女王様スタイルで現れたりする。部屋の奥では露骨なポルノビデオが

かかっていることもある。警察が来るとわかっている時には、ある程度の礼儀作法があってもいいと思うが、他人の家のことだから仕方ない。よしんばテナガザルのスーツをまとった者がドアを開けたとしても、適切な配慮を払いつつ警察業務を行なうことに変わりはない。

抗議デモ参加者の中には、逮捕時に手を焼かせる厄介者がいる。仲間と腕を組んで身体を重石にしたり、警官が手錠をかけようとすると大袈裟な金切り声を上げてみせたりする。電気ショックを与えられたように振る舞って、警察による暴行行為を演出しようというのだ。

93

落ち度のない犯罪被害者に対応する場合でも、警官は必ずしも深い同情と理解を示すとは限らない。この仕事を長く続けていると、思いやりとか慈悲の心とかいったものがすっかり抜け落ちてしまうからだ。だが「大変な目に遭いましたね」とか「あなたなら大丈夫。すぐ立ち直れますよ」とか声をかけるのが望ましい。駆けつけた警官にとっては、その週で一一件目の暴行事件であっても、被害者には人生初のレイプ被害かもしれないからだ。何でもいい。優しい言葉をかけてあげるべきだ。ほんの数秒ですむことだ。そのあといつもの無情な皮肉屋に戻ればいい。

第5章　未成年者の犯罪

（ある一〇代の若者が致命傷になりかねないケンカを起こしたあとで）我々は彼を従兄弟のところに連れて行き、ケンカの様子について話し合った。殴られた時のことを若者に尋ねると、漫画の主人公のようにひっくり返って見せた。自分のことを笑い飛ばす機会を与え、そのケンカがどんなにクレイジーで滑稽だったかを考えさせる。心の中にある優しい部分を探り当てるのだ。軟弱さではなく、優しさだ。見つけたなら、あとはそこにうまく訴えかけるだけでよい。

『暴力の連鎖を断ち切る者たち』アミーナ・マシューズ

94

学校を訪問すると「犯人は僕じゃないです」と冗談を言って両手を挙げる生徒が必ず一人はいるものだ。最初こそいくらか笑えるが、二千回目ともなるとこれはもう陳腐だ。

95

私はアメリカ中西部の穏やかでのどかな田舎町で育った。だから、警官が小学校を訪問し、知らない人について行かないようアドバイスしたり、塗り絵を配ったりする地域社会サービスを除き、警察と関わりを持つことは一度もなかったと思う。兄や近所の子どもとケンカになって血を出したことは時々あったし、私は腕力にまさるタイプではなかったので、図体の大きないじめっ子たちに川に投げ込まれもした。が、警察に通報するなど思いもよらなかった。警官とは現金輸送車強奪犯を追跡したり、法王を護衛したりしているものだと想像していた。子どもにかまっている時間などあるはずないと思っていたのだ。

が、世の中は変わった。一四歳の兄が一三歳の弟に殴られたと言って警察に電話してくる。双方にケガはなく、腹をやんわり殴られた兄は泣きもしなかった。が、彼にとってこれは警察沙汰なのだ。ある女性は近所の子が庭に空き缶を投げ込んだ件で調査報告のコピーが欲しいと言ってくる。電話で現状報告を求めてくることもたびたびで「空き缶投げ入れ事件の調査はまだ進行中です。明日、特別捜査班の会議がもう一度行なわれます」と対応する。調査報告書は通常、実際に犯罪が起こった場合にのみ作成される。事務処理業務は今でさえ多く、通報の一つ一つを文書化していたら負担は途方もないものになるだろう。警官が一回の勤務シフトで処理できるのは多くて三〇件。さらに三〇件ずつ追加調書を書くことになったら、ものの一カ月で、超過手当の支払いが滞り、警察業務はにっちもさっちもいかなくなる。

96

未成年犯罪者の中にはかなり頭の切れる者がいる。スパークプラグを使うと音を立てずに車の窓ガラスを割れることや、キーなしで自動車のエンジンをかける方法も知っている。追跡された場合、もっとも効果的に警察をまく術も心得ている。こういった関心を、非営利組織での就業体験でもピアノの稽古でもよいから、もっと有益なことに向けられないものか。

97

子どもが手に負えなくなった母親から電話

が入ることがある。母子家庭からの通報が多い。玄関に警官が現れると、問題の子どもが呆れたという眼差しで迎える。たいていほかにも何人か子どもがおり、母親は「今日はピザを買ってやったのに、この子たちときたら、ちっとも感謝しないんですよ、お巡りさん」と説明し始める。ピザなんか買ってやらなくてもよかったし、この子らをまとめて里子に出すことだってできたのに、と言いたいらしい。

シングルマザーは世の中でもっとも勇敢な人間だ。だが、ここに見られるような母親たちは、子どもを追い出さないことで勲章でももらえると思っているようだ。そんなメダルは存在しない。八方ふさがりの状況に自らを追い込んだのはほかでもない自分なのだ。そして今度は、何年にもわたって積み重ねられた家庭の問題を、警官に五分で解決してもらいたいという。この態度は、Tシャツにプリントされた太り過ぎのキャラクターが「この肥満、どうしてくれるのよ?」と言っている無責任さに通じるものがある。

こういう場合、娘には母親を敬い、言われたことをよく聞くようにアドバイスする。女手ひとつで子どもを育てるのは並大抵の苦労ではないのだから、状況を悪くするのではなく母親の力になるようにと言ってやる。決めゼリフは「友人は去っていくが、どんなに腹立たしいことがあっても、最後は家族しかいないんだよ」

警官にできるのはここまで。あとは本人たち次第だ。

98

警官をやっていると、若者の現状に落胆しがちだ。成績優秀で名門大学に進むような学生は、警察の世話になるようなことはしないのでお目にかからない。出会うのは$記号がプリントされたジャケットを着るタイプの少年少女。一〇代ですでにあらゆる悪事に手を染める準備が完了している。パトロール担当地域では、よちよち歩きの幼児が地面からタバコの吸い殻を拾って噛んでいたり、櫛を通したこともない髪にジャムがまみれた二歳児がひとり路上で遊んでいたりする。小学五年生が腕にガールフレンドの名前の入れ墨をしていることもある。話してみれば、父親は刑務所で母親は麻薬中毒。朝は一袋のポテトチップを食べ、昼はバターを塗っただけのサンドイッチでしのいでいるという。仲間の環境も似たり寄ったりで、なかには拳銃を持ち歩いている子どももいる。このような少年少女が無法社会に墜ちて行っても驚くにはあたらない。子どもの犯罪者が大人の犯罪者になるだけの話だからだ。逆に、彼らがいくらかでもまともに育ったら驚愕ものだ。ごく少数そういう例は存在するが、それは流砂から力ずくで抜け出すのと同じくらい困難なことだ。

劣悪な環境に育つ未成年者が二〇代まで生き延びる保証はない。この意味で、一回一回の誕生日はそれ自体「功績」だと言える。犯罪で荒廃した地区から来た子どもに歳を聞いてみた。「一四歳になれたよ」。男の子の得意げな声が答えた。

99

管轄にもよるが、たった七歳の子どもでも重犯罪容疑で拘束することができる。有罪となった場合、この子らは少年刑務所などには行かず、ほとんどは心理カウンセラーに委託されるか、極端な場合はグループホームと呼ばれる子ども専用の福祉施設に送られる。子どもとはいえ、それでも手錠をかけ逮捕するのに変わりはない。八歳の子どもを住居侵入窃盗の疑いで捕まえたことがある。この容疑者の身長は一メートル二〇センチ弱。彼のズボンのポケットを調べる時はかがみ込む必要があった。まるでカエルの身体検査でもしているみたいだった。しばらくすると、この子はトイレに行きたいと言って泣き出した。重犯罪容疑で逮捕された九歳児は拘留のショックでひどく動揺し、自分の名前もろくに言えなかった。いちばん滑稽な場面は彼らに権利を読み上げて尋問する時だ。警官が「自白剤」と呼ぶ清涼飲料水の一本も与えれば、年若い容疑者たちはこっちの知りたいことは何でもすらすら答える。だが、「弁護士」とはどういうものか、八歳児が本当に理解できるだろうか？　子どもに面と向かって、しかも大真面目に「弁護士を雇うことができなければ、公選弁護人を付けてもらう権利がある」などと言えるだろうか？　まだ八歳の子どもにも犯意が形成できるものなのか？　未成年者に対する現行の逮捕手続きや尋問は最良のやり方なのだろうか？　現場の警官には答えの見当はつきかねる。専門家たちが問題解決に真摯に取り組むことを切望する。

100

未成年者による重大犯罪を扱う一環として、家庭訪問を行なう場合がある。それによりり非行の原因が明確になることもしばしばだ。その多くは片親で、玄関先に出てきて、わが子が逮捕されたいきさつを知る。

「だから言っただろ、このマザーファッカー(大バカ野郎)」

血肉を分けたわが子に向かって、母親が汚い言葉を投げつける。家の中に目をやれば、良からぬ輩がソファにだらしなく足を投げ出している。踏みつぶされたビールの空き缶が散乱する床。そこをボサボサ頭の兄弟姉妹が焦点の合わない目をして駆けまわる。

ただし家庭訪問でも逮捕につながる原因がわからないことはある。家は明るく清潔なうえ、礼儀正しい両親はわが子の非行に心を痛め、どのように矯正するのが理にかなっているかと熱心に聞いてくる。ダメ親が悪ガキを産み、申し分ない両親が順法精神のある子どもを育てるという単純な方程式は成り立たない。親の出来不出来と子の人となりには相関

このような家庭環境に出くわした場合、警官は何をしなければならないか？　まず、見分けるべきことがいくつかある。子どもたちは不潔だが危害は加えられていないようだ。世話をしてもらっていない公算は高いが虐待は受けていないらしい。乳幼児のおむつは替えられていないが、ミルクは与えられているように見える。子ネズミとゴキブリはいるがドブネズミは見当たらない等々。できるかぎり観察するのだ。

関係はあるものの、因果関係ではない。大宇宙の偶然の結果としか言いようのない親子の組み合わせもある。

101

厳密にいえば、法の執行が警官の職務であり、非行少年少女の更生ではない。後者は彼らの両親やオプラ・ウィンフリー（訳者注：アメリカの著名な黒人女性TV司会者。慈善活動家としても知られる）あたりの責任だろう。

それでも未成年犯罪者には、これ以上の厄介事に巻き込まれないように助言し、正直さ、市民としての責任、紳士淑女であることなどについて語りかける。警官歴が長くなるにつれ、こういった説教は短くなるのが常だが、警察が敵ではないと納得させるためにできるだけのことはする。警官が子どもたちの成功を願っている事実を知らせ、警官のイメージを変えるのだ。これらの未成年者にお手本は誰かと聞いてみるのも手だ。答えがドラッグ・ディーラーを描いた映画『スカーフェイス』の主人公だったり、わずか五〇セントでも強奪したという実在の殺人犯ケルビン・マーティンだったりしたら、これはよくない兆候だ。ソーダを買って来いと五ドル札を出し、お釣りを駄賃にくれる街かどの麻薬密売人が好きだ、という返事ならなお悪い。子どもたちからは高校の歴史教師やデンゼル・ワシントンの名前を聞きたいところだが、いやチェ・ゲバラだってよいのだが、そういうことは滅多にない。

しかし相手が重犯罪常習犯なら優しい説得など必要ない。「ギャングの道を歩き続けるかぎり、近い将来ほかのギャングに撃たれる羽目になる。そして君らの一人が脊髄に弾を喰らって車椅子生活になる」と予言してみせるのも手だろう。『恐怖による更正』（訳者注：一九七八年に制作されたドキュメンタリー映画で未成年犯罪者の更生プログラムが題材。アカデミー賞とエミー賞を受賞。州刑務所の終身刑受刑者が訪れた非行少年少女を怖がらせ、刑務所人生を思いとどまらせる内容）の自分版をやるわけだ。

しかし、こういう子どもたちにはこちらの意図がまったく通じない。幼さゆえに弾丸の前でも不死身だと感じ、悪事にふけり青春を浪費するのを自由とはき違えている。

102

一〇代の少年少女というのは往々にして手にあまる存在だが、時には大目に見てやることも必要だ。フラストレーションやエネルギーのはけ口を与えるということだ。裏通りでバスケットボールに興じている子どもたちを見て、近所の婦人が自宅の車庫を壊されるのではないかと通報してきたらこう聞いてみる。「彼らが車庫の近くでバスケに夢中になっているのと、時間をもてあまして車庫に押し入る算段をしているのとどちらがよいですか？」

103

家庭内騒動の通報を受け出動した先で、未成年者への性的いたずらや児童虐待疑惑が明るみに出ることは珍しくない。だが、こういう申し立てには何の根拠もない場合も少なくない。申し立てが誤りだと判明するや、疑惑をかけられていた両親は勝ち誇ったような視線を警官に投げかけてくる。わが子を殴ったり性的いたずらをしないことが、まるで勲章や表彰状に値するとでも言いたげな様子で。

104

子どもに愛想を尽かした親たちが「この子たちを連れて行ってください」と本心から言ってくることがある。しかしどこへ？　その子が罪を犯していない以上、警官は何もできない。自分の家に連れ帰ってガレージの小部屋に住まわせるわけにはいかないのだ。そういうわけで子どもたちはどこにも行かず、結局、しつけをしなければならないのは親たちだということになる。ところが立場が入れ替わり、警察が子どもを犯罪容疑で捜しにやってくるとどうか？　さっきの親たちは一変して過度にかばい、捜査令状なしでは警官を一歩も家に入れようとしない。もちろん令状なしの捜査を拒否することは憲法で保障された権利である。だが、この豹変がひどく腹立たしいことに変わりはない。

105

未成年者による犯罪の通報を受けて出動、制服制帽にバッジを光らせ現場に急行する。年若い容疑者には厳しくも決して偉ぶらない態度で臨み、筋の通った会話を試みる。それでも、ほんの七歳児が「てめえなんかクソ喰らえ！」と汚い言葉を投げつけてくる。七歳にしてここまで心がすさんだ子どもを相手にするのかと思うと途方に暮れる。どうすればよいのか？　警官も法律も学校も、いやおそらくはほかの誰にも、このような子どもに対処する用意はできていない。『スーパーマン』の悪役レックス・ルーサーの子ども時代はこんな感じだったに違いない。電気ショック療法は今でも行なわれているのだろうかと考えてしまうほどで、こんな子の心の配線をやり直すには、一流の児童心理学者チームが四六時中治療に専念しなければならない。この子は社会が生んだ問題であり、一警官に解決できるものではない。おぼろげに理解するのがやっとの存在だ。

106

未成年者に対する警察の取り組みは概して骨抜きだと言っていい。大人と同様に扱わないのが前提だが、現行の規則や規定を文字通りにとると、年若い犯罪者は「繊細で傷つきやすい花のように扱うべし」になってしまう。軽犯罪の場合でさえ、できるだけ速やかに黙秘権などの通告をしなければならない。

未成年逮捕者に許される電話の回数から、彼らが搬送を待つ間ベンチなどに手錠で拘束できる状況までを事細かに規定した任務規則書が存在する。管轄によっては、拘留中の未成年者に対し一定の時間内におやつを与えることが定められている。一四歳の自動車泥棒にチョコバーを買い与えるため自腹を切る羽目になるわけで、これが警官の間で火花を散らす論戦になる。

地域社会の世話人の中には警察主催のミーティングにやって来て、未成年ギャングのことを「非行に走る可能性のある青少年」と呼称するよう求める者もいる。犯罪者の烙印を防ぐためだというのだが……。

法律用語でさえしばしばこういう具合だ。未成年者は厳密にいうと「逮捕」されるのではなく「拘留」される。後者の方がいくらかひびきがよいからだろう。成人犯の悪影響を避けるため、拘留中も大人の囚人から隔離されなければならない。武装強盗や強姦など重犯罪を犯した未成年者は少年拘置所に送られるが、それ以外の者は最終的に両親か保護者のもとで出廷日を待つことになる。昼に車の窓を割りステレオを盗んで捕まった少年犯は、夕方には娑婆に戻っている。これで、入れ替えたばかりのステレオをいつでも盗めるわけだ。

どれもこれも少年少女を、ヤクザな悪ガキを保護するための措置なのだ。子どもの頃、もし自分が少年保護法のことを知っていたら、もっと面倒を起こしていたかもしれない。

107

警官の仕事がこういう問題児で手一杯なのにはいくつか理由がある。一つには、子を産むべきでない人間が二人、六人、九人、いやそれ以上の子どもを、多数のパートナーとの間に作り続けることだ。ミルトンは言葉づかいが下品な前科者。殺人罪で保護観察期間中の身だ。ある時、彼は「一三人子どもを産ませてね」と自慢げに言った。一人分の養育費も払えないのに、多くは彼の名を取って命名されている。「もっと産ませるつもりだぜ」。仮出所中の前科者は言った。この男、幼子のミルトン軍団でも作るつもりなのだろう。

ベロニカは二一歳の売春婦で躁鬱病を患っている。左肩にはこれ見よがしに「あばずれ」の刺青を入れ、腕には淋病治療の注射跡を覆うバンドエイドが見える。彼女には生後四カ月の息子と一歳の娘がいるが、虐待や育児放棄の申し立てによって児童保護局が頻繁に訪れている。一人の子供の父親はアンドレと言い、ベロニカに対する家庭内暴力禁止令が出されている。類似の禁止令はベロニカにも出されているが、両人とも裁判所の命令に従う気などない。アンドレとはどうなっているかと聞けば「このあいだ会った時、レイプされそうになったので、あいつのペニスに噛みついてやったわ」とこともなげに言ってのける。

こういう親たちを見ていると、アメリカの哲学者アラン・ブルームが著した『閉ざされたアメリカの精神』の一節を思い出す。「彼らはわが子に、世界観や高い行動規範、あるいは他者との深い絆といったものを分け与えることができないのだ」

代わりに、よくてしがらみにもつれた、悪くすれば破綻し手の付けようがない家庭を何世代も作り出す能力なら持ち合わせている。なかにはこの苦境から、尋常でない決意と幸運のお陰で抜け出す子どももいるかもしれない。しかし彼らが置かれた状況はきわめて不利だ。適応能力に欠け、心身ともに不健康な子どもたちの出現が多くの社会問題の中核にある。彼らがそのまま大人になり、手当たり次第、犯罪に手を染めるようになるのは言うまでもない。

心ある人々や監督官庁がこういった社会の不幸に取り組んでいるのは周知の事実で、児童指導プログラムや問題意識を喚起するためのスポーツ・イベントなどが行なわれている。だが現状は手ごわく、さらに突っ込んだ取り組みが必要だ。変わり者の億万長者が一連の産児制限クリニックを設置して、自主的避妊手術を受ける男女に金銭援助を与えるプログラムはどうだろう。考え方としては、麻薬中毒患者に避妊手術費三〇〇ドルを支払う現存のプログラムに近く、麻薬中毒患者以外も含む点が異なる。この場合、育児責任を負う準備ができていない者を惹きつけるだけの額を支払うが、同時に、金に困ってはいるがまっとうな両親になれる人々を不当にそそのかす金額であってはならない。将来、安定した家庭生活が可能だと立証できた者には、同クリニックが無料で生殖能力回復手術を行なう。このクリニックを全米に展開するのだ。ていねいな受付、使いやすい駐車場、各種雑誌をとり揃えた待合室を備え、予算が許せばコーヒーやサンドイッチを無償で提供するのも手だ。

このプログラムを優生思想と呼ぶ者もいるだろう。そういう向きは、ベロニカやミルトンのような連中としばらく過ごしてみるとよいのではないか。このベンチャー事業に資金提供する風変わりな億万長者を探す必要がある。こういうお金持ち、ご存知ないだろうか?

108

多くの警察署では、未成年者を夜間外出禁止令違反で呼び止めた場合「憲法で保障された集会の自由を行使するために遅くまで外出しているのか?」と質問することになっている。妙に聞こえるが、答えが「イエス」だったら違反切符は出さない。なぜなら、政府職員が基本的人権を保障する「権利章典」を侵害することになるからだ。もっとも、未成年者たちはこの免責条項の意味を飲み込めないものとみえ、十中八九の答えは「なにそれ？」だ。この返事を忠実に違反切符の記述欄に記入しながら、市民の義務や権利について教える公民の授業はまだ高校の必修科目なのだろうかと訝《いぶか》ってしまう。

109

バーベキューや野球の試合といった、いかにもアメリカらしいイベント会場に制服姿で赴くと、たまに子どもがやってきてサインをせがまれることがある。かつての子どもたちは今よりずっと頻繁に警官のサインをねだったものだ。**警官のバッジを見て、スーパーヒーローか有名人にでも会ったかのように感じるからだ。警官はそのどちらでもないが、しばらくの間だけそう思われるのも悪くない。**

110

ものごとを冷笑的に見る傾向は警察機構全般に蔓延している。警官自身が永続させている面もあるのだが、時にはもっと前向きに世

界を見ようと努力することが必要だ。たとえば、日々相手にする未成年犯の大人になった姿を想像してみるのだ。後年、人生を立て直し、健康な生活を送り、真っ当な職に就いている彼らに出会う。すぐ誰であるかを思い出し、あの頃の若気の至りに思いを馳せ、お互い信じられないという顔をする。

次の瞬間、一三歳の車泥棒を逮捕している現実にたち戻る。髪の毛には食べ物のカスがこびりつき、身体からは不潔な臭いがする。この子は父親を知らず、母親は禁固一〇年の判決を受け服役中なので祖母と二人暮らしだ。逮捕手続きでミドルネームを聞く。思い出そうとするが、綴り方がわからないと言う。そんな子をじっと見つめ、彼の考えていることを、いま頭の中で何が起きているのかを見通そうとしてみる。この子は人生を切り開いていけるだろうか？　それは誰にもわからない。わかっているのは一つだけ。どのような運命が待ち受けているにせよ、彼には未来があり、そこに続く道は最初の一歩から始めなければならない、ということだ。

第6章　季節と警察業務

あの晩、砂漠の風が吹いていた。山々の斜面を吹き降りるサンタアナ風。乾燥しきった高温の季節風に髪は縮れ、神経はささくれ立ち、皮膚はむずがゆくなるほど。こんな夜、酒宴という酒宴は必ず喧嘩沙汰に終わる。従順で愛らしい妻たちが、肉切り包丁の刃先を確かめながら夫らの首筋をじっと見つめる。
『トラブル・イズ・マイ・ビジネス』レイモンド・チャンドラー

111

夏場は警察業務が厄介になる季節だ。「毎年忌々しい夏がやってくると、街中がおかしくなりやがる」。勤務要員の点呼をとりながら巡査部長が率直に認める。気温が上がるにつれて人々は短気になり、殴り合いが始まる。きつい体臭がより耐えがたくなるのもこの季節だ。都市部の通信指令室に一日二千件近くの出動要請が舞い込むことも稀ではない。警官も出ずっぱりで通報に対処する。

異様な事件もあれば、心を痛めるものもある。たとえばこんな具合だ。「通報によると、近所の未成年者数人がニワトリの像を盗んだ。公然わいせつの通報あり。カップルがカーセックス中にエアバッグが作動した。駐車違反取り締まり係どうしが乱闘、一人が殴られて気を失っている。ただちに現場に急行せよ。レイプ事件発生。子どもが肛門から出血している。最後の目撃情報では、容疑者は裏道を北に向かって逃走中。赤いコートの白人男性が叫びながら停止標識を殴っていると の通報をチェックせよ。女性から出動要請。

目に見えないポール・マッカートニーが敷地内におり、透明のゴム製ナイフで切りつけてくる」

こうして出動要請は山積み状態になり、非常事態以外の、たとえば隣人の音楽がうるさいとか、近所に不審者がいるとかいったケースは後回しにされる。ようやく駆けつけた頃には通報者はうんざり顔だが、それももっともだろう。忙しい夜だろうがなかろうが、迷惑騒音対処に五時間、窓の外をうろつく不審者への対応に二時間もかかったら、自分だって警察に対して寛容にはなれないと思う。

112

気温が三〇度を超える状況で、容疑者を徒歩で数ブロック追跡するとしよう。身につけているものすべてから汗がしたたり、ついには吐き気を催す。だが警官が嘔吐するわけにはいかない。胃からせり上がってくる酸性の塊を必死で押し戻す。捕まえた容疑者がたっぷり数分、吐瀉し続ける光景ほど胸がすくことはない。だからこっちは吐き気をこらえる。その結果、自分が悪党どもより頑強な血統なのだと確信する。追跡の果てに容疑者が嘔吐するぶざまな姿は痛快きわまりない。

113

七月四日は米国独立記念日。警官はこの日の勤務を毛嫌いする。向こう見ずなお祭り騒ぎだからだ。ベテラン警官でさえ、花火の種類によっては破裂音と銃声を区別するのはむずかしい。誰かがパトカーに向けて九ミリ口径弾を発砲していると思いきや、子どもたちが筒型花火で遊んでいるだけだったこともあれば、その逆のケースもある。

独立記念日を祝うと称して空に向けて銃を撃つ者がいる。こういう手合いは死傷事故の危険を冒している。雲に達した弾丸はいずれ落ちてくる。最終速度は秒速一二二メートルにもなり、これは人間の頭蓋骨を貫通するスピードだ。この弾が銃を撃った本人に当たれば自業自得で、それを愚か者の「自然淘汰」と呼ぶ警官もいる。

１１４

夏の忙しい夜には、すでに処理した事件が本当に解決したかどうか再チェックする余裕はない。与えられた任務をこなしたら次の現場に向かうのみ。ファストフードの警察版だ。こんな晩、食べ物にありつきたかったら手早くたいらげるしかない。パトカーのハンドルを握りながらパクつき、ガンベルトにケチャップをこぼす羽目になる。懸案が片づかないうちに、新たな通報が次々に飛び込んでくる。縁まで一杯のコップに水を注ぎ続けるようなものだ。ことに殺人や警官を巻き込んだ銃撃などの緊急事態が起きた場合は、勤務が定刻に終わることはない。次の八時間シフトを引き受けざるを得ないこともある。タイムレコーダーを押して退出し、愛車のドアにしょぼつく目でキーを差し込むがうまく開かない。オヤと気がつけば、色は同じだが違う車。自分の車は駐車場のもう一列先だった。こんな晩にはよく起こることだ。

１１５

気温が三二度を超えると、警察署の窓口は鍋の中のようになってしまう。予算削減で冷

房がきかないのだ。この中で容疑者の収監手続きをすると、たちまち髪を伝って額に汗が滴り、防弾チョッキに染み込んでから調書のうえに落ちる。濡れそぼった書類はナプキンのように両腕に張りつく。肘が触れると小さな汗だまりができ、制服の襟やベルトのあたりには塩のシミがつくほどだ。このクソ暑さ、いい仕事ができる環境とはほど遠く、逮捕せずに済ませる言い訳をでっち上げたくなる。「この男はあそこの男を撃ったが、深く反省しているようだ。謝罪と握手で済まそうじゃないか。あまり表沙汰にしないで、紳士的に片づけよう」

116

子どもたちは夏の間、道路で野球をする。パトカーで通りかかったら「車にひかれるから公園に行ってやれ」と声をかける。すると子どもたちはパトカーのまわりに集まり、ベースボールカードをせがんだり、車載の散弾銃に目を見張ったり、投光器を動かしてみてくれと頼んでくる。好奇心をそそられ、四人が八人、八人が一〇人とふくれあがる。しかし、夏場に通りをうろつく者すべてがこれほど無害なわけではない。事件現場に近隣住人が総出でやってきて見物を決め込むこともある。「群衆整理」という用語が滑稽に感じられるほどの人数だ。その連中が突如、警察業務の物知りに豹変し「あのバカを逮捕しろ」とか「その男は行かせてやれ。何もしていない」とか勝手なアドバイスを始める。十人十色の特異な理由で捜査に首を突っ込みたいのだろうが、なかには立ち入り禁止テープをスカーフにしたがる連中もいるほどだ。古典ギリシャ演劇の合唱隊のようだと言ってもいいが、みな泥酔しており「びしょ濡れよ」などと書かれたタイトなヘソ出しTシャツを着ている女性もいる。

夏になると、露天商がカートで中南米のフルーツ・アイスキャンディーや焼きトウモロコシを売り歩く。彼らの多くは密入国者で、現金商売で生計を立てている。英語を話せる者はほとんどいない。警察に通報するための携帯電話を持っている者はさらに少ない。だから露天商たちは犯罪者のいいカモで、繰り返し襲われては身ぐるみ剥がされる。しかし同時に、長時間労働と極貧生活を逃れてやってきた彼らは信じがたいほどタフだ。そんな露天商の一人が強盗に手を撃たれた、という目撃者の通報を受けて現場に向かった。被害者は病院に行こうともしなければ警察も呼ばず、指から血を滴らせながらいつもの場所でアイスクリームを売り続けているではないか。銃傷を負いながら商売を続ける不法就業者と、血まみれの男性からアイスクリームを買う客たちのいったいどちらが異常なのか、簡単には判断がつかない。この情景に、ふと国民的人気コメディ『となりのサインフェルド』を思い出した。クレーマーが市バスをハイジャックするエピソードで、

「バス停には全部止まるつもりなのかい?」

と問いかけるサインフェルドに、

「客が次々停車ブザーを押すもんでね」

とハイジャック犯が苛立って吐き捨てる場面だ。

117

警官にとって、ハロウィーンは活気に満ち

た夜になることが多い。暗黒世界と悪霊を祝うこの日、人々は無秩序と酒に首まで浸ってコスチュームをまとう。路上で暴力行為におよぶ覆面ギャングが日立たなくなる道理だ。だが通報がいくらか減って余裕ができると、パトカーに同乗する同僚と怪物談義に花が咲く。いまモンスターが現れたら倒せるか？　無声映画時代のお笑いコンビ、ローレルとハーディでさえ勝てたのだから、フランケンシュタインなら楽勝だろう。狼男は銀の弾丸に弱い。ＳＷＡＴの車両には、満載されたロープや防弾盾、ビタミン剤にまぎれて銀の弾も数発はあるに違いない。ドラキュラはコウモリに変身できるので、これを捕まえるには装備面で問題が残る。半魚人は大都会の光の洪水や交通の騒音でうろたえるだろう。最後にミイラ男だが、こいつは動作がのろいので簡単に火をつけられる。もっとも、彼が例の人食いコガネムシを呼び出したら一巻の終わりだが。

こんなバカ話に夢中になっている間も勤務時間中だ。熱のこもったモンスター談義は税金でまかなわれるというわけだ。

118

冬場になると容疑者は膨らんだコートを着る。商魂たくましい都会の洋服屋がドラッグや武器を隠すためにデザインしたものもあり、ポケットがたくさんついている。コートの脇や内側、隠されたもの、二重底のものなどだ。だから逮捕時に徹底的に身体検査しても、署に連行し二度目の検査でコカイン用パイプやジャックナイフ、マリファナなどが見つかることも珍しくない。

119

犯罪者の間でさえ、クリスマスは暗黙の停戦日になっているようだ。もっとも真夜中の一二時を過ぎるとギャングどもは再び路上でカモを漁り、虚ろな目をした売春婦たちはいつもの街頭に立つ。こういう手合いは、キリストの降臨を祝うことはないのだろう。

120

大雪になると移動に時間をとられる。パトライト（警告灯）を点けサイレンを鳴らしても時速二〇キロ弱がいいところだ。これ以上のスピードでブレーキを踏むと、タイヤがロックして雪だまりに突っ込んで埋まってしまう。応援を要請しても、バックアップはこの雪の中を街の反対側から来る。援軍到着に時間がかかることを考えれば、それまで頼れるのは自分一人。雪で交通遮断が起きた時は、事を荒立てず、安全な場所に身を潜めることだ。麻薬犯の家宅捜索は日を改めてやればいい。

121

指名手配犯は発見がむずかしい。住所不定で無職、そして登録車両を持たない者がほとんどだからだ。ところがクリスマス・シーズンになると、容疑者はしばしば自宅に舞い戻る。夕食時、家族や友人と食卓を囲んでいるところに手錠を持って踏み込む。フォークを口に運んでいた全員がその場で凍りつく。メリークリスマス。そのプリンは置いておけ。お前さんは刑務所行きだ。

122

冬になると、雪が荒廃した街の情景をいくらかは覆い隠してくれる。破裂したタイヤとか菓子の包み紙、うち捨てられた衣類などは白い毛布に埋もれて見えない。しかし、廃屋の窓に打ちつけられた板という板が落書きされた様子や、放火やロウソクの消し忘れで全焼し、午後の陽に煤けた姿をさらす家々はどうしようもない。

この季節、家賃が払えないような世帯の中にも高価なクリスマス・イルミネーションを玄関先に飾るところがある。

警察に追われる容疑者は手配連絡の服装から足がつくことを恐れ、しばしば逃走中にジャケットやフード付きトレーナーを脱ぎ捨てる。だが、氷点下二六度の天候にTシャツ一枚では逆に人目を引く。そんな行為におよぶのは、ギャンブルで身ぐるみ剥がれた者か逃亡者しかいないからだ。灌木の茂みで容疑者の上着を見つけたら、一帯を包囲し出てくるのを待つ。警察用防寒コートと下着でも歯の根が合わないほどの寒さのなか、ジャケットなしで長くはもたない。だいたい五分くらいで、凍死より刑務所行きの方がましだと判断した容疑者が自首してくるものだ。もし出てこなければ包囲を解いて署に帰還する。たぶん歩いている間に凍死してしまったのだろうが、春の雪解けが来れば、見つかる。

123

冬場にはペンのインクが凍りつくほど寒い日もある。凍りにくいペンを用意するが、交通事故の処理などをしている際に雪が降ってくると、メモ帳に書いたドライバーの名前がにじんで読めなくなる。

冬場の試練はこれだけではない。容疑者の車とすれ違った場合、その場でUターンするのは至難の技だ。気温の高い季節なら歩道の縁石を乗り越えて追跡できるが、この時期、道路の端にはスパイクのような氷が天然の防御壁よろしく張りついている。無理をすればタイヤがパンクしてしまう。滑る道路で前進

街頭でドラッグを買う場合、お目当ての麻薬を示す暗号を使うことが多い。マリファナは「ツリー」、クラック・コカインなら「ザット・ハード（あのキツイやつ）」という具合だ。このような隠語は頻繁に変わる。売人や顧客を装うおとり捜査官を見分けるためだ。だが冬場にはそんな言葉遊びをやっていられないほど寒い日もある。着ぶくれした客が売人らのところにやって来る。両手に息を吐きつつ「お前さんたち、ザナックス（訳者注：リクリエーション・ドラッグとして乱用される抗不安薬）扱ってるか？」と商品名をそのものずばり聞いてくる。

とバックを繰り返し方向転換するしかないが、パトカーのぶざまな動きをバックミラーで見届けながら、容疑者の車はかどを曲がり、『バック・トゥ・ザ・フューチャー』のデロリアンよろしく凍結した風景の中に消え去ってしまう。

第7章　法廷と法令順守

法の下の公正を探しているなら、見つかるだろうさ。刑務所にいるのはわれわれ黒人だけだ。

リチャード・プライアー

124

凶悪事件の裁判でも、普段着で出廷する被告人が多い。襟付きシャツはまれで、土曜の朝のアニメを見る時のような格好、つまりTシャツでサンダル履きに短パン。ぶかぶかのフットボール・ジャージーとポケットにドラゴンの刺繍が入ったオシャレなジーパン姿も見受けられる。大麻密売の裁判に、マリファナの葉柄をあしらったTシャツを着てくる被告もいる。権威に対する挑戦とか政治的メッセージといったものではなく、単に、そういうシャツを着ていることに気がつかない。それほど何事にも無頓着だということだ。判決言い渡しで裁判官の前に立った被告が「反省なし」と太字で書かれたTシャツを着ているのを見た、と同僚のスティーブが話してくれた。この服装を選んだ依頼人には弁護士も立つ瀬がなく、思わずネクタイをゆるめたことだろう。

125

容疑者に勝ち目のない裁判だと自分や地方検事が確信していても、陪審員裁判は賭けだ。すべては一二人の市民たちの手に委ねられ、彼らはおよそ考えつきもしないようなところに合理的疑いを差し挟むものだ。法廷物のTVドラマ『ロー&オーダー』で、ある検事が言った。「陪審員はまったくのデタラメを信じてしまう。これにはただ唖然とする」

126

交通裁判所には誰でも参加できる討論会みたいなところがある。多くの被告は弁護士なしで出廷し、概して裁判所の慣習や手順に当惑するものだ。裁判官が検察側に質問する。すると混乱した被告が割り込んで答えてしまうといった具合だ。被告はまた証拠基準、風聞、証言の妥当性など法廷ルールと悪戦苦闘を繰り広げる。やがて次回の出廷日を告げられるやうなずいて退廷しようとする。公判日をメモしていないことを見咎めた裁判所書記官が「キミ！」と呼び止め、次の出廷日を紙に書いて渡す。

「被告人がいなければ審理はできないのでね」。裁判官がよく言うセリフだ。

127

下劣な事件に関して地方検事と控訴を検討する時、往々にして暗黙の了解がある。我々は職業柄、教育のない容疑者や曖昧模糊とした被害者らと関わらざるを得ない。しかし自分らはこういう連中と同類ではない、という意識のことだ。たとえばある三角関係について捜査しているとしよう。二人の女性が交際相手にウンザリし、彼の車に放火しようとした。ところが、本人が角材を手に現れ、一方の女の頭を叩き割った。現場は血の海で、頭皮が付いた髪の毛の塊が散乱している。この場合、三人が三人とも被害者であり容疑者だ。いずれも職がなく、目を覆う惨劇が起きた時は麻薬でハイになっていた。

警官や地方検事の私生活はこれとは違う。まともな職があり、人並みの礼儀作法は心得ている。事件の当日にはシャワーを浴びてきたし、衣服に血痕も付いていない。自宅には電気も通じている。つまり、犯罪者たちの崩壊した人間関係や、泥酔と大騒ぎを繰り返すだけの人生とは一線を画している。地方検事との同胞意識は、場合によって強弱はあるものの、会話の節々に感じることが多い。

容疑者たちの異様な行動には頭をかしげるほかはないが、H・G・ウェルズの『タイムマシン』にたとえれば、我々は地上に住む種族であり、彼らは地底人モーロックなのだ。世の中、そういう風になっている。

１２８

被害者の証言のみに基づいて逮捕する場合もある。容疑者は激しく抗議し、「俺は何もしていない。あいつが殴られたと言ったからって逮捕するなんてむちゃだ。目撃者がいないんだから、やったやらないの言い合いに過ぎない」と主張するかもしれない。しかし、たとえ裏付けがなくても、被害者の証言そのものが逮捕するための「相当な理由」になると最高裁判所がずっと以前に判断を下している。この事実を伝えるや「最高裁判所なんか、クソ喰らえだ」との答えが返ってくる。

１２９

テレビの警察ドラマでは容疑者を逮捕すると同時に、警官はミランダ準則（訳者注：黙秘権や証言すれば法廷で不利な証拠になり得ること、弁護士立ち会いの権利、公費で弁護人を付けてもらえることの四項目。一九六〇年代、アリゾナ州で起きた誘拐・婦女暴行事件の被告人の名前に由来）を読み上げる。

だが現実にはそうではない。**ミランダ準則の通告が義務づけられているのは、容疑者が拘束され、問題の犯罪について尋問を始める際なのだ。**拘束＋尋問＝ミランダ準則の読み上げとなるのであり、それ以前ではない。ミランダ準則の告知を控えることによって、駆け引き上、警察にとって有利になることもしばしばある。正式な尋問が始まる前に、容疑者が自らの容疑事案を認めるような証言をすることがあるからだ。彼らはここのところがよくわかっていない。「お巡りさん、この裁判こっちの勝ちだぜ。逮捕時にミランダ準則を告知しなかったからな！」」。勝ち誇って言う容疑者にかける言葉は、「わかった、わかった、凄腕の弁護士さん。法律執行上のアドバイスをありがとう」だろう。

130

警官が盗難車に乗っていたドナルドとピエールを停車させたとしよう。運転席にはドナルドが助手席にはピエールがいたが、どちらもこの車の法的所有者ではない。二人は誰の車かも知らないと言う。連絡でやってきた持ち主の女性がドナルドとピエールに対面し、どちらともこれまでに会ったことはないし、彼女の車を運転する許可も与えていないと証言する。単純明快な「所有者の同意なく自動車を運転した罪」のケースだと思うだろうがとんでもない。

ドナルドとピエールが抜け目ない犯罪者ならこう言うだろう。まずドナルドの主張。近所に住むピエールが街かどで車に乗せてくれたが、免許がないので代わりに運転してくれと頼んできた。そこで自分が運転席に乗り込んで運転を始めた。「まさか盗難車だったとは知らなかった。ピエールの車だと思った」とドナルドは言い張る。

ピエールの証言はこうだ。近所に住むドナルドが車に乗せてくれた。まさか盗難車だとは知らなかった。ドナルドの車だと思った。

どちらかが嘘をついているわけだが、そもそもこのケースを担当したがる地方検事などいないのでそれは問題にもならない。確かに二人の証言は互いに矛盾している。しかし、車の出所に関しては、両人には説得力のある反証が可能だ。有罪を視野にドナルドとピエールを起訴するとなれば、地方検事は二人が盗難車であることを知っていた事実を合理的で疑いの余地なく証明しなければならないのだ。ステアリング・ロックに損傷がなく、キーが車内にあり、警察に停止を命じられた際に逃亡を試みなかった場合、自白でもないかぎり、地方検事は起訴には踏み切らない。

検事によってはさらに慎重かもしれない。ステアリング・ロックが剥ぎ取られたうえ、容疑者が逃亡したとしても、自白がとれなければ起訴しないことはあり得る。と言うのも、容疑者が次のように証言すれば合理的な疑いが生じるからだ。「街かどにいた男がね、この車貸してくれたんですよ。ステアリング・ロックが壊れているのは、前に盗まれた時にやられたって言ってたな。そのままにしといたんだって。俺が警察から逃げたのは免停だったからで、正直、これが盗難車だなんて考えもしなかった。俺が車を盗んだなんて、それはとんでもない誤解です。信じてくださいよ、お巡りさん」

にわかに、容疑者が盗難車と知っていたかについて合理的な疑いが生まれる。「街かどの男」を理由にする弁護の成立だ。検事は自動車窃盗容疑者を速やかに釈放するように指示する。もっとも検事だって愛車を盗まれたくはないから、元容疑者が釈放後、検事本人の近所には来ないことを願っている。

盗難車嫌疑をすり抜けるのがこれほど容易なのだから、人々が自分もやってみるかと考えても不思議はない。

131

量刑手続きになると、検察側は被告人を恐

ろしい人物として描く。対する弁護側は、裁判官の心証をよくしようと精一杯飾り立てようと試みる。そうしたくてもできないケースが多いが、よしんば被告人が数年間失業していても、「依頼人は一般教育修了検定（訳者注：合格すると高校卒業に相当する資格が与えられる）合格を目指していますし、犯した罪を後悔しています。また聖書研究会にも出席しているんです」などと指摘する。誰も見ていない時なら奇跡を行なうことができると言わんばかりだ。

弁護人が描写する被告像は、道を踏み外しはしたが、善意と将来の可能性に満ちた人物。もちろん、犯した罪を悔い人生を立て直そうとする人々には支援を惜しむべきではない。しかし時として、重犯罪を繰り返す危険な犯罪者には、再犯の可能性を考えて多少懐疑的になってもよい。世の中には生まれついてのワルがいる。こういうタイプは窃盗、略奪、暴行、ありとあらゆる犯罪に手を染め、とどまるところをしらない。

132

判決言い渡しの際は被告から目を離さないことだ。被告が裁判官の言っていることに上の空だったり、禁固二〇年の判決を言い渡され、もはや失うものは何もないと確信したりすれば、暴力沙汰に発展することもある。被告が裁判官や陪審員を追いかけ、保安官代理の拳銃めがけて飛びついた挙げ句、その場で射殺された事例もある。自暴自棄の人間は何をするかわからない。

133

覆面捜査官が正体を疑われた場合、真実を話すことが法律で義務づけられていると思い込んでいる人がいる。これは大間違いだ。この話の出どころは知らないが、ちょっと考えてみてほしい。もしこんな法律が実際にあったら、どうやって警察はおとり捜査を行なうのか？

覆面捜査官「この部屋の全員が自動火器を持っているんで、ちょっと緊張するな。でも、とにかく麻薬を大量に買いつけたい」

麻薬組織の元締め「お前は、警官か？」

覆面捜査官「そっ、それが実は……」

一斉射撃開始！

134

被告人らに同情を感じることはめったにない。ようやく捕まるまでに、十数回は罪を犯しているだろうからだ。しかし、刑事裁判の証人として召喚され法廷内を見回すと、被告のために足を運ぶ人がほとんどいないことに気づく。老婦人一人しか見当たらない場合など、被告の祖母だろうかとしばし考えてしまう。彼女は裁判の進行に興味を示しながらも、どことなくまごついているようだ。と、婦人が立ち上がって法廷を出て行ってしまう。被告人の血縁ではなく、見当違いの法廷に迷い込んだどこかのお年寄りだったのだ。支援者は振り出しに戻ってゼロ。

この被告は人生の大半をひとりで過ごしてきたのかもしれない。そしていま、ひとり刑務所に送られようとしている。仮に私が逮捕されるようなことがあったら、友人から遠い親戚、中学校の美術の先生、小学校の野球部のメンバーまで、多くの人たちが応援の横断幕と私のための人物証明書、無実の罪を晴らす証拠を持って駆けつけてくれるだろう。ここにもまた、持てる者と持たざる者の違いがある。

被告側弁護人というのは、ことに公選弁護人は冗談がわかる人たちだ。この職業でやっていくにはユーモアのセンスが不可欠なのだ。依頼人の多くは場当たり的な犯罪を起こし、その一部始終が防犯カメラにとらえられているにもかかわらず、弁護人からの電話には応答せず、法律上の手品かマヤカシで無罪にしてくれると期待する手合いだ。
ある公選弁護人に依頼人の裁判がどうなったか聞いたことがある。「依頼人と私は二等賞に輝いたよ！二位の成績だった！」。公選弁護人の熱弁には嘲笑が見え隠れしていた。

第8章　容疑者追跡

誰もかれも逃亡者だ。
『マイノリティー・リポート』
ジョン・アンダートン刑事（トム・クルーズ）

135

信じられないかもしれないが、警官は逃亡する容疑者をフルスピードで追いかけるようには訓練されていない。追跡は往々にして格闘で決着する。このとき追いついても体力が残っていなければ、容疑者に指一本で突き倒されてしまうからだ。

容疑者の逃亡経路を無線で連絡するだけで、自分は後を追わない同僚もいる。理由はさまざまだが、追跡アクションへの関心がなくなった、負傷したくない、もう若くない等々。残りは中間のアプローチをとる。ある警官はこう語る。

「自分も四六歳。数ブロック追跡するとなったらいくらか余力を残しておかないとまずい。息を切らせて追い詰めてみたところで、立ち向かってこられたら見逃す。なぜかって？　容疑者を取り逃がすか、自分が殺傷されるかの二者択一だったらそれしかないだろう」

136

容疑者を追い始める前に、追跡にともなう危険度を判断する必要がある。なぜこの人物は逃げようとしているのか？　未成年者が外出禁止時間違反で補導されるのを恐れているのか？　反乱嫌疑で連邦政府に追われているのか？　経験から推測はできるが本当のところはわからない。追跡すると決めたらまず「警察だ、止まれ！」と警告する。陳腐なセリフだが、この通告で逃亡は正式な公務執行妨害になる。こうしないと、容疑者はあとで「急に走りたくなっただけなんですよ。お巡りさんたちもジョギング好きで、それであとからついてくるんだろうと思いました」と言い逃れることができる。

137

容疑者の追跡中には、とんでもないことも起こる。同僚のスティーブの話だが、逃亡中の男が歩道の継ぎ目のわずかな段差に足を強打したところ、下肢の骨が音を立てて折れ、皮膚を突き破って飛び出したそうだ。もう一人の同僚ロルフはこんな話をしてくれた。

逃亡中の重罪犯が交差点のど真ん中で立ち止まるや拳銃を抜き、追いかけてくるロルフの同僚に狙いを定めた。警官は自分の銃に手をかけておらず、絶体絶命の状況だった。次の瞬間、容疑者は時速六五キロで交差点に進入してきたトラックに轢かれて即死した。トラックの運転手は人身事故を起こしてひどく落ち込んだが、その場の警官は一人残らず歓声を上げたという。

138

逃げる男性容疑者が片手でズボンを引き上げていたら、銃が落ちないようにしているのかもしれない。もっとも、垂れ下がるだぶだぶズボンをはくのが最近のファッションだから、この素振りだけでは、間違いなく銃を持っているとは言えないが。

139

容疑者を追跡中、危険は至るところにある。低く垂れさがった木の枝や芝生の上のガーデン家具、物干し綱、不機嫌な犬たち、そして連中の糞で足を滑らせないよう注意が必要だ。容疑者が通りを渡ったら、行き交う車にも気をつけなければならない。この場合、徒歩追跡をバックアップしようと急行する同僚警官のパトカーにも要注意だ。容疑者が逃げる途中、拳銃などを投げ捨てないかも気をつけて見ておく（連中はピストルなどをよく屋根にほうり上げる）。同時に、自分の特殊警棒や拳銃などがホルスターから抜け落ちないようにする。

容疑者を見失ったら、すぐペースを落とす。追跡から捜索に意識的に切り替えるのだ。これには理由がある。武装した容疑者は、追ってくる警官がかどから現れるのを待ち伏せしているからだ。

つまり追跡にあたっては、周囲のありとあらゆる状況に細心の注意を払わなければならないということだ。

140

停止を命じられた車のドライバーに逮捕状が出ていたり、禁制品を隠し持っていたりした場合、容疑者が「ウサギ」と呼ばれるおとりを放つことがある。ウサギとは同乗者のことで未成年者である場合が多い。逮捕状は出ていないか、出ていても軽犯罪のものだけで、ウサギは車から飛び降りるや一目散に走り去るのが仕事だ。警官にウサギを追わせて当人は処罰をまぬがれようという算段だ。

141

容疑者を追跡する警官は九キロから一三キロの装備を身につけているが、相手にこのハンディはない。容疑者が俊足でなくても逃げおおせるのはこのせいだ。徒歩であとを追うなら飲酒運転の容疑者がもっとも楽だ。連中はよろめきながら走るから簡単に捕まえられる。パレードの山車にでも乗り込んで逃げようとするくらい酩酊しているからだ。

142

容疑者を捕獲後、応援要請のために現在位置を無線で連絡しようとしてはたと気づくことがある。いくつもの裏庭を通り抜けフェンスを飛び越えた結果、住所はおろか、自分が今いる交差点がどこか見当もつかないのだ。だいたいの道順は覚えておこうとするが、追跡の興奮にまぎれ、まったく思い出せないこともある。捕まえた容疑者が地元の人間なら、聞いてみるのもいい。彼が現在位置を教えてくれるかもしれない。

143

容疑者が第三者の家に逃げ込んだ場合、あとを追って突入するのは合法だ。「差し迫った逃亡の恐れ」がある状況下では、逮捕状は必要とされないからだ。警官の安全確保のため、問題の家屋を包囲し応援を呼ぶのが一般的な手順だが、必ずそうしなければならないわけではない。容疑者が手の届くところにいて、バックアップもすぐ到着するとわかっている場合なら突入する。警官の任務は犯罪者を逃亡させないことだが、実際は逃げおおす者が多い。したがってこの決断は状況に応じて下す。応援を待っている間に、容疑者が裏口から悠然と去って行くかもしれない状況なら、何人かの家人を驚かせることになっても、居間めがけて突進する。時には「僕は警官だ。銃を持ってる。文句あるか！」と言って、住人を激怒させることになるが。

144

逃亡犯の人相をいつも覚えているとはかぎらない。だが、容疑者とおぼしき人物を拘束したら、彼らの胸に手を置いてみるだけでかなりのことがわかる。心臓が太鼓のように高鳴り、暑くもないのに過度に発汗していれば、それなりの理由があるはずだ。また、体内に分泌されたアドレナリンのせいか、彼らが口走る逃走理由も納得できないものが多い。連中はよく「店にいた」という言い訳を使う。「オレが走ったのは……それはですね、店にいたんですが……そう、店を出たら、何が起こっているかわからなくて……気が動転しちゃったんです」という具合だ。

どこかの店にいたと言えば、その後の違法行為が不問に付されるとでもいう珍妙なる理屈で、弁明としてはかなり無理がある。警察関係者はたいていそう考える。

145

無線で車両または徒歩追跡の状況を報告する場合は、応援に駆けつける同僚たちにわかるよう、感情を抑え冷静な声を使う。全米公共ラジオのアナウンサーのような、権威を感じさせると同時に穏やかで安心感を与える話し方を心がける。いつだったか、ある警官の金切り声を無線で聞いた時は血も凍る戦慄を味わった。大袈裟でなく、同僚が断末魔の悲鳴をあげ刺殺されているように聞こえたからだ。後日、この警官はタバコ目当てにガソリンスタンドに押し入った男たちを追っているだけだったとわかった。劇的な無線放送のおかげで問題の女性警官はかなり苦情を受ける羽目になったが無理もない。警官という職業は取り乱すタイプには冷淡なのだ。

146

ドライバーが警察から逃走する理由はいろいろある。盗難車である場合、飲酒運転の場合、重犯罪で逮捕状が出ており座席の下に拳銃を隠し持っている場合、あるいはトランクにマリファナがぎっしり詰まっている場合もあるだろう。いずれにせよパトカーは警告灯を点滅させて発進。カーチェイスの始まりだ。誰しもこの興奮が味わいたくて警官になった。弟が警官になった兄に尊敬の眼差しを送るのはこのためだ。いったん追跡が始まれば、一方通行を逆走したり裏道や駐車場を突っ切ったり民家の芝生を踏みにじったりと何でもありだ。が、一つだけ確かなことがある。カーチェイスは警察にとって厳しい条件下の戦いになるということだ。**信号や停止標識では対向車両に注意して減速する。警告灯を点けサイレンを鳴らしていても、超絶運転を見せようと自信過剰に陥らないことが必要だ。これは法律用語で「安全配慮運転」と呼ばれる。いっぽう容疑者はそんなことにはお構いなし。**どんな無謀運転もしたい放題。停

止標識や赤信号でも減速せずに突っ切り、跳ね飛ばした通行人を残して走り去る。容疑者がこのような運転をする理由は、

A、逃げ切るため。

B、警察による追跡のストレスから判断能力が低下しているため。

C、盗難車で、どれほど無謀運転して車を大破させようが意に介さないため。

147

警察の追跡をまくためによく使われるテクニックがある。

(1) 停車後急発進：ドライバーは観念したかのように路肩に停車する。警官がパトカーから降りて近づいてくるところで急発進させ、有利なスタートを切ろうとする。

(2) 身をかがめて祈る：「停車後急発進」ほど頻繁にはお目にかからないが、実用的な選択肢だ。かどを曲がった直後、停車してエンジンを切る。ドライバーは運転席に身をかがめて警察が通り過ぎてしまうのを祈るというもの。

(3) 思い切ってジャンプ：ドライバーが低速で走行中の車から飛び降りる。警官は犯人追跡を続行するより、無人になった車を止めて事故を防ごうとするだろうとの希望的観測に基づく。頻繁に使われる手口のため、とくにこの違反に対応する交通切符がある。「走行中車両下車」という。聞きなれない言葉に、逮捕した容疑者にこの罪状を説明すると「なんだそれ？」ということになる。

148

追跡に関する方針は所轄の警察ごとに異なるが、一般的に、故意にパトカーを逃走車に追突させることは許されない。映画とはこのあたりが違う。逃走車をパンクさせるスパイク・ストリップを使うことはあるが、銃でタイヤを撃ちぬくことはしない。走行車両に対する発砲の危険は、実利をはるかに上まわるからだ。追跡中の無線交信を常時聞いている上司がいることを忘れてはならない。主任の仕事は容疑者逮捕と市民保護のバランスをとることで、カーチェイスが手に負えなくなりそうだと判断すれば追跡中止を命令する。容疑者は逮捕した。しかしその過程で通行人二人がひき逃げされた挙句、容疑者の車が市役所の待合室に突っ込んだとしたらどうか。おまけに容疑者の逃走動機が期限切れ車検証に過ぎなかったとしたら。これでは警察のモットー「市民保護と奉仕」が果たされたかどうか怪しいものだ。

カーチェイスで右に急ハンドルを切る場合、減速せず急なカーブを曲がりきるには時速二四キロから三五キロが上限だ。プロレーサーなら四二キロでも辛うじて成功する可能性はある。四五キロになると技量に関係なく反対車線にはみ出し正面衝突を起こす。四八キロでは付近の民家に突っ込むだろう。時速四二キロを超えると、成否を左右するのはドライバーの腕ではなく物理法則だ。簡単にいえば、車の旋回性能を超えてしまうのだ。

149

複数の容疑者を追っている場合を除き、追跡に加わるパトカーは二台までと決まっている。追跡時の混乱を避けるためだが、実際にはそうは行かないことが多い。何年も顔を合わせていない同僚がゾロゾロ現れて、真後ろについてきたり、脇道を並走してカーチェイスに加わったりする。犯人を取り逃すのは警官なら誰だって面白くない。白鯨を追うエイハブ船長は「アイツを仕留めるためだったら、ホーン岬でもノルウェーの大渦巻でも地獄の業火までも追いまわす」と言ったが、カーチェイス中の警官もエイハブ船長のようなものだ。

150

容疑者の車両を追跡中は、逃走車のスピードや道路状態、渋滞状況などを無線連絡することになっている。けれど薄氷に覆われた道をラッシュ・アワー時に時速一三〇キロで飛ばしていると通信指令室に報告すれば、上司が即刻中止命令を出すのはわかっている。誰だってそんな命令は受けたくない。獲物を捕らえたいのが警官なのだ。カーチェイス中の無線連絡で、道路がやけに空いていたり、天候がこれ以上は望めないほど完璧だったり、世界滅亡後を描いたSF映画『アイ・アム・レジェンド』に出てくる街のように人っ子一人いないのはこのためだ。「現在、えーっ、だいたい時速五六キロで追跡中」。無線で報告する警官の背後で、最高出力で唸りを上げるV8エンジンがその二倍は出ていると言っている。

151

追跡中の逃走車に手もなく振り切られることもある。これはパトロールカーが特別仕様ではないからだ。アンチロック・ブレーキ・システム（ABS）は装備しているから、スリップしてもコントロールを失わずにすむ。だがそれ以外は、ターボ・エンジンもなければ二重強化タイヤをはいているわけでもない。デトロイト製の大型車に警察塗装を施し、警告灯をつけただけのシロモノだ。カーチェイスの真っ最中、トランスミッションがオシャカになることもある。

152

カーチェイスは血をたぎらせる。追跡という行為に固有のカッコよさみたいなもので、容疑者の仕掛けてくるフェイントや突然現れる急坂、きしむタイヤの音、響くクラクション、これはもうほとんど映画の世界。ひょっとすると、フルーツ満載のカートをひっくり返し、怒った露天商が拳を振り上げる姿をバックミラーで見ることになると覚悟する。カーチェイスの興奮を生き甲斐に警官をやっている者もいる。だが、追跡中の警官が衝突炎上事故に巻き込まれたり、逃亡車両が通行人を跳ね飛ばしたりする可能性は常にある。したがってカーチェイスは、容疑者を勾留するまで、じっと息を殺し続けるような体験だ。しばらく安全点検を受けていないジェット・

コースターに乗るのと同じでスリル満点。誰しもやってみたくなること請け合いだ。しかし、どこでどんな結末を迎えるかは神のみぞ知る、だ。

153

ようやく逃亡車両が停止した。訓練で学んだ通り、これは危険度の高い逮捕だ。パトカーを戦術上有利な位置に停車させ、乗っている者たちに整然かつゆっくり下車するように命じる。しかし、そう手際よく行かないことも多い。俗にフェロニー・ラッシュ（重罪容疑者に向かって突進）とか、ブルー・スワーム（青い警察ユニフォームが群れをなす）、ポリエステル・パイル（ポリエステル製のユニフォームを着た警官が容疑者の上に折り重なる）と言われるが、いずれも警官が銃を抜いて容疑者の車にいっせいに駆け寄ることだ。銃撃戦を交わしながらの場合もあれば、容疑者を車の窓から引きずり出そうとボンネットに飛び乗ることもある。アドレナリンが体じゅうを駆けめぐり極度の興奮状態にじっとしていられない。クリスマスイブに、我慢できずプレゼントを開けてしまう子どもみたいなものだ。こういう警官にありがちなのだが、興奮が収まり捜査報告書の締め切りが近づくにつれ急に元気がなくなる。みなパーティには行きたがるが、後片付けはしたがらないのと同じだ。

第9章　酒とドラッグ

マティーニは一杯がちょうどいい。
二杯では飲み過ぎで、
三杯では飲み足りない。
ジェームズ・サーバー

154

アメリカのアニメ『ザ・シンプソンズ』の主人公ホーマー・シンプソンは「人生において、酒とはありとあらゆる問題の原因であり解決策だ」と言っている。これは正解だ。酒がらみの出動要請がどのくらいあるか警官に聞いてみるとわかるが、答えは推定五〇から九〇パーセントの範囲。路上で安価なドラッグが手に入る今日、酒は影が薄いのではないかと思う向きもあろうが、人々のアルコール嗜好には根深いものがある。酔っ払いの中には、アルコールを含むうがい薬を飲み干す者がいるほどだ。右の前腕に「ビール」という不明瞭な刺青をした男に出くわしたことがあるが、文字の周辺の皮膚が赤く引きつっているのでよく見ると、それは素人がナイフで彫ったシロモノだった。

155

酒気検知器は呼気に含まれるアルコール分を測る装置だ。この簡単なテストで酒を飲んでいるかどうかを見分けることができる。飲酒運転ドライバーは検知器に息を吹き込む際に、滑稽なほど的外れな努力を見せてくれる。息を吹き入れる代わりに吸い込んでおいて、なぜサンプルが採れないのかと当惑したふりをする男がいる。女子大生は『赤ずきんちゃん』の悪いオオカミみたいに大きく息を吸い込んだものの、出てきたのは八〇歳のぜんそく患者みたいに弱々しいひと吹きだった。このほかにも、検知器を出し抜こうとさまざまな対抗手段が考え出された。一セント銅貨をしゃぶるというのもあったが、飲酒運転伝説の古典中の古典は、やはり何と言ってもトイレの消臭剤を食べてしまうものだろう。これらの奇策は見ているぶんには笑えるが、効果はいずれもゼロ。**酒気検知器に打ち勝つためには飲酒しないことしかない。**

156

飲酒運転に対する処罰だが、ビール醸造業が盛んなウィスコンシン州ミルウォーキー地方などではかなり手ぬるい。初犯は犯罪として扱われず違反切符を切られるだけ。飲酒運転で五回目、七回目、九回目の有罪判決を受けたというドライバーの話を耳にすると、ほかの国ではどうなのだろうと好奇心が湧いてくる。ちなみにフィンランドでは、飲酒運転には一年間の重労働が科せられる。

157

飲酒運転の捜査では車のライトが大きな役割を果たす。パトカーの警告灯を点けて駐車していると、泥酔したドライバーの方から華麗な光に魅せられてやって来ることがある。まさに飛んで火に入る夏の虫で、逮捕はきわめて簡単。犯人の自首は、こういう特異なケースでも通常のケースでもありがたい。

一方、無灯火で走っているドライバーは飲酒運転かもしれない。酔っ払ってライトの点灯を忘れてしまうことはよくある。彼らの頭の中にはもっと大事なことがあるのだろう……さて、自分の家はどこだっけ、とか。

158

酔っ払いの肩を持ちたくなることはまずない。彼らと理性的に話をしようとしても時間の無駄だ。今まで素直で穏やかな口調で話していたかと思うと、次の瞬間にはケンカ腰になる。妙になれなれしくしてきたり、ぎこちない握手を求めてきたり、背中を軽くたたいたりする酔っ払いもいれば、泥酔のあまり手首にかけられた手錠をビスケットか何かのように食いちぎろうとする者もいる。手渡された交通違反召喚状の横書き署名欄に、やおら縦書きでサインする酔っ払いもいる。これなど、観音開きの冷蔵庫のドアを押して開けようとするくらい不自然なことなのだが……。

159

飲酒ドライバーの逮捕に必要な書類作成は警官にとって過重な負担だ。「殺人容疑で拘束するより、酔っ払い運転で逮捕する方がよほど手間がかかる」。知り合いの警官のこの冗談、半分は本音だ。**飲酒運転逮捕の手順は冗長で無駄が多い。報告書の書式はわかりにくいうえ、時として警察署に書類の在庫がないことまである。**容疑者を病院に連行して血液を採取することにでもなれば、さらに数種類の書類と採取サンプルの証拠登録が必要になり、それ自体ひと苦労だ。こういう経験を何回か積むことで、いくらか全体の手続きに慣れてくる。しかし新米警官にしてみれば、この膨大で複雑な手続きを苦労して覚える価値があるのかと訝《いぶか》るだろう。

なかには数年間、飲酒運転逮捕の書類を書かずにすませる警官もいる。一回も書いたことがない者すらいる。もちろんだからといって、これらの警官が酔っ払いに嫌々キーを返し、連中が走り去る様子を見ながら無事故でいてくれと願っていたわけではない。こういう場合、警官は独創性を発揮する。素面の友人に運転を代わるよう指示したり、酔っ払いを乗せるタクシーを呼んだりするのはよく知られているし、車のキーを排水口に投げ込んだとか、トランクの中に入れてロックしたとか、郵送したとかいう逸話もまことしやかに語られている。飲酒運転容疑を使わずに、免許失効中運転で逮捕することもある。手間のかかる手続きを避けつつ、飲酒ドライバーを公道から排除するわけだ。

勤務シフト終了直前ともなると、よけい飲酒運転取り締まりを先送りしたくなる。飲酒運転逮捕はとどのつまり、交通違反切符に毛の生えたようなもの。そんなことのために、もうあと四〜五時間も超過勤務したいのか？　それとも定刻に勤務を終え、娘の初めてのピアノ発表会に顔を出すほうがよいのか？　市民の安全を考えるならもちろん前者だ。飲酒ドライバーは飲酒運転容疑で逮捕するのが警官の義務であり、より軽微な（手間のかからない）容疑を恣意的に使うことではない。いや、考えようによっては、娘が飲酒運転ドライバーに轢かれ、発表会に行けないことだってあり得る。先に勤務を終えた警官が、この酔っ払いを大目に見てやったツケだ。こういうことにならぬよう、飲酒運転取り締まりに熱心な同僚を同じシフトの中に見つけ、交友を深めておくのが大事だ。そしてこう懇願する。「この件、頼まれてくれないか? もしやってくれたら、一週間、ランチをおごるよ」

160

筋金入りの慢性アルコール中毒者集団がいる。この連中に関わる非常呼び出しは、ほかの緊急通報を総計した件数より多い。したがって彼らは、警官や救急救命士、看護師らの間では伝説的存在にほかならない。彼らのことを、スペイン語の俗語で「つるむ相棒」を意味する「ロロ」と呼ぶが、確たる理由があってのことではない。

ロロの中には、したたかに酔っ払っても物静かで人好きのする連中がいる。そうかと思えば、ケンカっ早く、万引きに手を染める者もいる。彼らに共通しているのは、遠い昔に人生を堕落に委ね、それ以来、年がら年じゅう病院通いということだ。自分で救急車を呼ぶわけではなく、たいてい前後不覚で車椅子から半分滑り落ちていたり、吐瀉物にまみれ歩道で気を失っていたりするところを、心配した通行人やドライバーが通報するのだ。

「通報者によると、この男性は病気もしくは負傷しており搬送が必要。生死も不明」だが、当人の風体を聞くだけで身元はすぐ知れる。過去六年間、週に一度は世話してきた相手だからだ。

「ああ、あいつか。なら大丈夫、生きてる。核ミサイルでもお見舞いしないかぎり死なないヤツだ」。誰にともなく、そうつぶやく。

ロロと接触を持つとわかるが、連中の身体

にはたいていハエがたかっている。また傷口に膿が溢れ、それが溶けかかったロウソクのように見えることも稀ではない。そのまま放置するわけにも行かず救急車を呼ぶことになるが、救急救命センターの医師だってこんな患者を診たいわけではない。警官も医者もそこはお互い様だ。自らの糞尿がこびりついた路上生活者の悪臭はすさまじい。手当てをする看護師たちは防護マスクをつけなければならないほどだ。そんな惨めな外見と不養生にもかかわらず、彼らにはどこか無敵のオーラみたいなものが漂う。過去一〇年間、朝食にウイスキー一本をがぶ飲みし、適度な運動や野菜主体の食事など健康生活とは無縁なはずなのに、どうしたものか、一種独特の、人もうらやむ回復力を持っている。

この特殊結社の会員は医療保険など持っていない。だから金銭的負担は納税者が肩代わりすることになる。これに警察と救急車の費用、入院費を上乗せすると、ロロ一人あたりの経費は一〇年間で正味一億二千万円に達する。計算してみればわかるが、これは誇張した数字ではない。ロロはある意味、秘密結社フリーメーソンと同じくらい手強い存在なのだ。

警官は解決を重視したアプローチをとる。ロロへの対応にもさまざまな作戦を試みる。自立生活ができない彼らを精神衛生センターに措置入院させ、麻薬・アルコール治療を受けられるよう手配するのもその一つだ。それができなければ、ほかの警察署管内でロロを釈放し災厄をほかの警官たちと分け合うという策も検討する。また、自腹を切ってロロにバスの切符を買い与え、州外に行かせる警官も必ずいる。それも、州境からはるかに離れた場所、アリゾナ州の砂漠の街ユマのような土地へ。

161

泥酔するのは警官も同じだ。

「まっすぐ家に帰れよ」。勤務シフトの終わりに巡査部長が言う。これは警官の間に百年も受け継がれてきた伝統で、巡査部長たちも平巡査だった時に同じことを言われてきた。酒場で警官を待ち受ける厄介ごとを避けるためのアドバイスだ。実際、警官がバーで巻き込まれる災難には深刻なものがある。停職処分や免職、果てはアルコールがらみの家庭内暴力や銃による違法な威嚇で刑事責任を問われるケースまである。時には、酔いを醒まそうと車内で眠り込んだり、路上に座り込んだりしている酔っ払いから「昔はあんたらの仲間だったんだ」と言われることもある。確かめてみると、たいてい本当のことを言っている。かつては警官だった彼らのかたわらに立ち、失われつつある人生をしばし見守ってやることが、プロとしての最低限の礼儀というものだ。

162

連日多くの酔っ払いを相手にしていると、禁酒法の復活を願ってしまうことがある。もちろん歴史的に見ると、この法律は失策で犯罪組織を利しただけだったが、新たな禁酒法を施行し、もう一回だけやってみてはどうか。飲酒は止み、今度こそアルコールなしの繁栄がやって来るかもしれない。そして酒をたしなまない人々が時代の潮流になってくれれば……。

163

クラック・コカインとはコカインと調理用のベーキングパウダーを混ぜたもので、これを吸っているかどうかは手を見ればわかる。クラック・パイプの熱で、常習者の指先には焦げたような跡があるからだ。

164

麻薬の売人はいろいろなところにブツを隠す。水洗トイレの水タンク、換気口、車のダッシュボードの下、キャンデーの缶、野球帽の縁、そして、人体に存在するありとあらゆる割れ目だ。肛門や膣の内部に隠され、後日売りさばかれる麻薬の量がいかに多いかは驚異的と言わざるを得ない。

165

麻薬売人の家を捜索する時は、ソファークッションの下に注意する。連中はここに散弾銃やナタなどを隠していることが多い。また、銅製のタワシが出てきたら、それは調理台を掃除するためではなく、麻薬中毒者がクラック・パイプのフィルターに使うものだ。

166

麻薬密売人の自宅には家宅捜索を回避するためのさまざまな工夫がほどこされている。屋根の上に監視カメラを備え、ドアを内側から角材で補強した家もある。このほか裏庭に腹を空かせたピッドブルを放し飼いにしているところもあり、これらの闘犬は制服警官を襲うよう、とくに仕込まれている。そのため、時には犬を射殺しなければならないこともある。室内に踏み込んだ際、犬と出くわしたらどうするか。部屋がアパートの二階なら、犬を撃ち損ねた流れ弾が床を貫通し、階下の住人に当たる危険がある。これを避けるために役立つのが頑丈なブーツ。襲いかかる犬がバックパックより小さければ、発砲する代わりに部屋の反対側まで蹴り飛ばすのも手だ。いずれも好ましい選択肢ではないが考えておかなければならない。

167

クラック・コカイン密売人の住居に踏み込むと、例外なく安物のビールの空き缶が散乱している。料理用コンロの背後の壁は油で汚れ、トイレにはしばしば半裸の人物が潜んでいる。警察用語でこういう連中を「潜む共犯者」と呼ぶ。「潜む南軍兵士」という意味にもとれ、私のお気に入りの表現の一つだ。

168

容疑者からマリファナの臭いがするのにブツが見つからない。さてどこに隠しているか？　頬と歯ぐきの間だ。ここに四人がモノ

を入れておくことから「刑務所の小物入れ」という隠語もある。こういう場合は本人に取り出させるのが望ましい。警官だってやりたくないし、医学上の合併症を引き起こす可能性もある。だが、それだけではない。頬の奥深くに詰め込まれている場合、証拠を回収するには捜査令状が必要なのだ。

169

人手が十分あり、通信指令室がしばらく放っておいてくれる時は「麻薬密売所の店番」と呼ばれる作戦を実行する。これがけっこう面白い。どういうことかというと、まず密売所に踏み込んで、その場にいる者たちを逮捕または拘束する。あとは何もせずに待つだけだ。すると、ドラッグ目当ての客が引きも切らずにやって来る。数分ごとにノックの音が聞こえる。警察の制服姿でドアを開けると、連中はいつも心底驚いた顔をする。間髪を入れず、マス釣りの要領で部屋に引き込む。その後もノックのたびに顧客を引きずり込んで拘束する。しばらく経ったところで、起訴の可能性がもっとも高い顧客を選び、部屋の電気を消し、ドアに鍵をかけて署に連行する。このような任務のあとはいつもそうだが、何かをし終えた爽快感を覚える。もちろん密売所の数は多い。すぐ道を隔てたところにだってあるかもしれない。けれどここは店じまいだ。

170

往年の刑事ドラマ『特捜刑事マイアミ・バイス』でやっていたが、麻薬の疑いがある粉に指を突っ込んでひと舐めする、などという真似はしないことだ。警察の方針に反するだけでなく、途方もなく危険な行為だからだ。麻薬に殺鼠剤や幻覚剤が混入している可能性もあるし、両眼から出血を誘発する物質だって含まれているかもしれない。とにかく何が入っているかわからない。

171

麻薬犯罪の疑いで容疑者に近づく際は、彼らの手の動きを注視する。麻薬常習者の中には、警官が現れたらすぐ捨てられるよう手のひらにブツを隠し持つ者がいる。逮捕を免れ、麻薬も発見されなければ、後日、好きな時に回収できるわけだ。常習者が口の中にブツを隠した場合、首を絞める以外は何でもありだ。だが噛みつかれる危険の方が麻薬を回収できる見込みよりはるかに高い。そのうえ、合法・非合法は別にして、容疑者がのたうち回ったり、呻いたり、アゴを手荒く押さえつけられたりする様子は周囲の者には警官の暴行として映る。

容疑者が麻薬を飲み下してしまった恐れがある場合は、救急車を呼んで病院まで同行する。麻薬を飲み込むと死に至ることがあるからだ。便といっしょに排出された麻薬は遺棄物と見なされ、容疑者に不利な証拠として使用できる。だが、本案件には一つマイナス面がある。熱血警官であっても、排便のモニター役や、便にまみれた証拠をめぐってやり合う役目は勘弁してほしいというのが本音だ。

172

クラック・コカイン常習者は逃走時、相当な瞬発力を見せる。しかし三〇メートル弱で

一気にスピードを失い、あとは麻薬で使いものにならなくなった足でトボトボ歩く。彼らを取り押さえたあと、たまたま説教する時間があればこう言ってやるのもよいだろう。次の機会に警察を振り切りたかったら、もっとバランスのとれた食事と毎日の運動を心がけろと。

173

麻薬を静脈注射する常習者は、消毒綿を使って注射器を掃除する。この際、わずかでも注射器に綿が残っていると、次に麻薬を打つ際に繊維も一緒に静脈に注入してしまうことになる。この結果、皮膚が腫れ、傷口がぱっくり開く。俗に言うコットン・フィーバーと呼ばれる症状だ。

174

ズボンのポケットから麻薬が見つかると、容疑者は自分のズボンではないと言い逃れしようとする。この手の間抜けな言い訳を聞くと、自分が最後に兄のコールテンのズボンを借りた時のことを思い出す。九歳の時の話だ。

175

メタンフェタミン常習者のバックパックに必ず入っているモノが二つある。ポルノ雑誌と自転車のパーツだ。前者は、このドラッグがセックスの快感を増幅することで説明がつく。実際、メタンフェタミン中毒患者の中には、皮膚がむけるまでマスターベーションする者がいるほどだ。また、常用者は光る物体に興味を惹かれ、なにかとガラクタを拾い集める。ドラッグ代を捻出するため車はとっくの昔に売り払っているから、連中の主な移動手段は寄せ集め部品で修理したオンボロ自転車。パーツがバックパックに入っているのはこういう理由による。

加えてメタンフェタミン常用者は「なりすまし犯罪」を好み、しばしば他人の生活保護手当ての小切手を所持していることがある。そのほかにも、盗んだ郵便物の束、他人名義のクレジットカード十数枚など、彼らのバックパックには犯罪の証拠が詰まっている。これをより分けて調べるのは警官の仕事で、警官の間では「メタンフェタミン中毒者のタマネギの皮むき」として知られている。その由来は、これらの物品を手に入れる過程で、連中はタマネギの皮をむくように自動車強盗、路上強盗、押し込み強盗など、何層にも重なった犯罪に手を染めているからだ。圧巻なのは、どのようにこれらの品々を手に入れたのかを彼らに職務質問する時だ。答えが返ってくるとすれば、詰まるところ次の二つのどちらかだ。

A：通りで見つけた。警察に届け出るところだった。

B：クレジットカードは友だちのもので、預かっているだけだ。

マイレージサービス付きプラチナカードにある名前と、ロープをベルト代わりに使っている哀れなメタンフェタミン中毒者を見比べながら訊ねる。「どうやって、このルイ・ウィンズロップ三世と知り合ったんだ？　ケープコッドの別荘で一緒に夏を過ごすってのか？」

176

麻薬を生業にするような者でも時には自己正当化したくなるのか、自分らはドラッグ・ディーラーではないと主張する。ドラッグを売っているのではなく、金銭と取り替えているだけだと詭弁を弄する者もいれば、クラック・コカインは植物であり、土から採れたもので害はないなどと言い張る者もいる。犯罪歴のため正業に就けないのでドラッグを売るしかない、とのたまう売人にも出くわす。こういう手合いには、重犯罪者に仕事を斡旋する社会福祉エージェンシーに行くよう働きかける。これで駄目なら、麻薬密売で生活する者に同情など必要ない。これらのドラッグやクラック・コカインはスラム街を蝕み、未曾有の荒廃をもたらしているのだ。「彼らはやむなく凶悪なドラッグ文化に巻き込まれてしまった」。密売人を擁護する者の言い分だ。この手の弁護は「よろめいた拍子にバラの茂みに転げ込んでしまうように、彼らはたまたま犯罪人生に足を踏み入れてしまった、選択の余地がなかった」とか「個人責任など過去の遺物だ」と言っているように聞こえる。

177

全部ではないにしても、多くの押し込み武装強盗事件にはドラッグがからんでいる。計画されたものもあれば、場当たり的な犯行もある。後者は、客がとっさに資本家的搾取を思い立ち、代金を払う代わりに銃を突きつけ、麻薬と金をあるだけ奪っていくものだ。被害にあった密売人の中には、今後は顧客をより慎重に選ぶことにして泣く泣く損失を受け入れる者もいる。ドラッグ・ディーラーが警察に通報する場合は、麻薬に関する部分をきわめて慎重に避け、盗まれた現金だけを申告する。連中にしてみれば裏をかいたつもりだろうが、盗まれたとされる現金は真っ当な市民が自宅に置いておくような額ではない。キッチンに百万円以上あるのは麻薬密売人しかいない。これであっさり話の裏が見えてしまう。ガラスのテーブルに残る、拭き忘れたコカインも動かぬ証拠だ。

178

警官の職務の中でもいちばん強烈なアドレナリン・ラッシュを感じるのは麻薬がらみの家宅捜査。しかも先頭に立って突入する時だ。待機姿勢で考える。なかにいる連中は武装し、ドラッグでハイになっているかもしれない。強制捜査は予測のつかない冒険のようなもの。何かと上手くいかないこともある。

拳銃を抜いて身構えると発汗で口の両端に塩の味がする。発砲し、パンチを繰り出し、身をかわし、容疑者に命令する一連の準備が整う。待っているのは麻薬中毒者かピットブルか？　容疑者は一人か、二人か、それとも一三人か？　ドアの向こうは未知の領域。それゆえ、胃の中に一種の電気が蓄積され、胸のあたりにせり上がってくる。吐き気にも似た、不安と興奮に期待と決心が入り交じった感情だ。こんな体験、ほかではできない。

179

麻薬で人生を犠牲にする者の中には、ヘロインのためにカーステレオを盗む一〇代の少女から、五歳児を連れて通行人に物乞いする四五歳の中毒者までいる。後者はクラック・コカインと引き換えに車を売ってしまい、街から出るに出られなくなったのだ。

年齢や経歴にかかわらず、こうした人々は特有の風貌をしている。失望と罪悪感が入り交じった顔、押し寄せる世の潮流についていけないという表情だ。

180

麻薬密売人を逮捕後、時として本人に代わって電話に出るのも一興だ。容疑者がやり手のドラッグ・ディーラーなら、電話はひっきりなしにかかってくる。会話はこんな具合に進む。

「おい、ボロはいるか?」

「いいえ、彼は廃業しました。ローズモント市で腹話術の芸人になりました。私でなにかお役に立てることがあれば……」

「ボロはどこだって聞いてんだよ?」

「足を洗って、今は新しい仕事に就いています。お針子さんです」

「死んじまえ、この野郎」

「どういたしまして。お話しできて楽しかったです」

通話終了。

慢性ヘロイン中毒者はドラッグに対する耐性が強くなり、継続的に注射する必要がある。ハイになるためと言うより、均衡を保ち「正常」でいるためだ。彼らはもっとも有用な情報提供者で、軽犯罪で逮捕された場合でも刑務所に入らないためなら何でも喋ってくれる。刑務所行きになれば、ほどなくすさまじい禁断症状に襲われるのを知っているからだ。

181

容疑者が麻薬を所持しているのを発見し、署にもどって報告書をタイプしていると、犯人がどこにブツを隠していたか思い出せないことが時折ある。コートの左側のポケットだったか？　フード付きパーカの前ポケットだったか？　それとも短パンの尻ポケット？

おそらくはこういう理由から「麻薬は容疑者のズボンの右側前ポケットから発見された」とする報告書がやたらと多い。「右側前ポケット」は記憶が頼りにならない場合の万能オプションなのだ。もっとも、いつもうまく行くとはかぎらない。真偽のほどは定かでないが、こんな話を聞いた。

ある巡査が「例のポケット」から麻薬を発見したと記載したところ、報告書をチェックしていた巡査部長がひと言。

「この容疑者がブツを隠すにしては妙な場所だな」

「どうしてですか？」

「どうしてって、こいつ片腕だ。右手がねぇんだよ」

> 末端の売人を逮捕する効率的な方法はおとり捜査だ。この作戦ではおとり捜査官が麻薬をディーラーから買うが、この際、証拠になるように印を付けた紙幣で支払う。取り引き後、連絡を受けた逮捕チームが現われ、売人を挙げる。麻薬中毒患者を装う場合は、本物に見えなければならない。腕に注射の跡を描き、両手も車のグリースで汚しておく。麻薬を吸うパイプと注射針も忘れないように。正真正銘の中毒者であることを確かめるため、売人が見せるよう言ってくるかもしれない。

第10章　犯罪捜査

捜査の正しいあり方など前もって決められるものではない。一つ一つの手がかりから次の手がかりへと進んでいくのが捜査だ。

『最後の警察官』ベン・H・ウィンターズ

182

重要なのは、目撃者が事件を見たとする場所を聞き出し、そこで実際に目撃が可能だったかを確かめることだ。目撃者は必ずしも虚偽の証言をしているわけではないが、時として知らないことまで答えてしまう。警察の力になりたい一心で誇張してしまうのだ。

183

一〇代の少女どうしのケンカは、「あんたが私のことを噂してるって聞いたわ」で始まることがよくある。

184

本や映画の警察モノでは、刑事は奇抜な方法で殺人犯を探し出す。たとえば、現場に残された土がカナダの小漁村ニュー・ブラウンズウィックに特有のものだとか、防犯カメラに残された目立たない手がかりが犯人逮捕に結びつくとかだ。もうちょっと先。「ネッド、今のところ再生して。そこだ！画面を止めて！」。しかし現実の世界はそうではない。

犯人が逮捕されるのは、十数人もの目撃者を前に衝動的に人を撃ったり、押し入った家のドアガラスに鮮明な指紋の渦巻きを残していったりするからだ。自分がやった凶悪犯罪を仲間に打ち明け、その麻薬常習者が犯罪防止プログラムの報奨金ほしさにたれ込んで捕まる場合もある。要するに、犯罪者は間抜けなのだ。その結果、なかには放っておいてもひとりでに解決する事件もある。

185

初老の人々は戸別訪問する詐欺師に狙われやすい。ほかの世代に比べてお人好しだからというだけではなく、おそらくは銀行を信用しない世代の名残なのだろうが、相当な額の現金を自宅の引き出しやマットレスの下に無造作に隠しているからだ。

詐欺にともなう副次的影響は、高齢者の場合はとくに、金銭的損失をはるかに超える。詐欺に遭ったことで老人は動揺し、ペテン師にしてやられた愚かさに面目を失ったと感じるからだ。自尊心と自宅にいる安心感も大打撃をこうむる。だからこそ、この手の詐欺師を逮捕して被害者の金を取り戻すことができた時、警官は小躍りして喜ぶものだ。

186

老人虐待は扱いに苦慮するケースが多い。やつれはて、床ずれや、それとわかるケガを負った老人は、高齢者介護放棄の被害者かもしれないし、そうでないかもしれない。床ずれに見える傷が、実は、ある種の癌や代謝性疾患によって起こる褥瘡《じょくそう》の場合もあるからだ。また、血液の抗凝結薬を服用していると、軽く台所のテーブルにぶつかっただけでひどいアザができる。骨折の原因が虐待ではなく、骨がもろくなる骨粗しょう症であることも考えられる。老人がやせ衰えているように見えても、それは医師が処方した低カロリー食の結果かもしれないし、服用薬のせいで味が感じられなくなり、食事を拒んでいるのかもしれない。老人虐待を起訴するには、多くの場合、法医学者によって証拠を鑑別し、刑事過失を認定する必要がある。

とは言うものの、なかには気が滅入るほど虐待が明白なケースもある。姿が見えなくなった老人の消息をチェックしてほしいと要請を受け、当人の家を訪れるが居場所がわからない。それもそのはず、年老いた被害者は半分ゴミに埋もれた硬いベッドの上に横たわっているからだ。ゴキブリが身体の上を這いまわり、まだ生きているが、腐敗臭を発している。かたわらの介護ヘルパーは、「彼、気分がすぐれないんです」みたいな言い訳をする。あたかもそれが、身の毛もよだつ眼前の光景に対する申し分ない説明だと言わんばかりに。

老人虐待の容疑者はだいたい次のようなクラスに分けられる。

介護疲れで状況に対処できなくなったケース。典型的な例は、体重四〇キロの妻が、三倍近い重さがある身体障害の夫を抱きかかえ入浴させるような場合だ。

悪意はないが、介護能力に欠けるケース。この場合は、介護のノウハウを知ってさえいれば十分なケアができるだろう。

邪悪としか言いようがないケース。たとえばこんな娘だ。母親は地下室でシャワーも浴びず、自らの糞尿にまみれて暮らしている。そのうえ背中には脊髄が露出するほどの傷口が開いたままだ。にもかかわらず、娘が住む階上はワックスで床が光り、車庫の前には母親の貯金で買ったレクサスが停めてある。こういう容疑者に職務質問すると、警官を自分たちの側に引き込もうと長々と言い訳を始める。母は歩き方がぎこちなくてよく転ぶもんですから。それに母は認知症ですから、言うことは信用できません。母の衣食住と薬の面倒を見ているのは私なんです。

このような極端な場合でさえ、被害者の老人たちは往々にして介護者を、ことに実の息子や娘を、逮捕しないでほしいと懇願する。恥辱と自責にまみれた親子関係の典型なのだろう。

「息子が虐待するのは、私が育て方を間違ったからだ」

親はこう考えるのかもしれない。

187

銀行強盗は、それも素人犯罪者の場合はとくに、要求を書いた紙の綴りに間違いがよくある。強盗を意味する robbery の綴りすら間違えるほどだ。

188

店を狙った強盗の方が通行人を標的にするより実入りがいい。だが犯罪者というものは、店内の防犯カメラやカウンターの下に拳銃を隠しているかもしれない店員を敵にしたがらない。そこで、見ず知らずの通行人を襲うようになる。結果、現金一ドル五〇セントと、一〇セントストアで売っているバンドの壊れた安物腕時計を強奪し、逮捕されればきわめて重い罪に問われるという割に合わない羽目に陥る。

189

落書き事件の容疑者を捜し当てた場合は、まず、彼らの両手にペンキやマーカーの塗料が付いていないか、そして、身に付けている物に描かれているユニークな目印をチェックする。これが優秀な警官のやり方だ。仮に、市バスに紫のインクで「マーリン105」と落書きされていたとしよう。この未成年容疑の両手にも紫のインクが付いており、しかも、履いているテニスシューズに「マーリン105」とあれば、警察用語で「手がかり」と言われる物に出くわしたことになる。

190

落書き犯を「ストリートの芸術家」としてもてはやす者は、自分の所有物に描かれた落書きを拭き取ったことがないだけだ。

191

火災で死亡すると、人の筋肉は非常に強く収縮する。こうして犠牲になった人々の遺体は、しばしば拳を握りしめ、両ヒジを曲げたボクサーのポーズをとっている。

192

映画の放火犯は歩きながらガソリンを線状に撒いてマッチで火を付ける。火は犯人から遠のきながらきれいに燃えていく。実際には、マッチを落とすと同時に犯人自身が炎上する。気化したガソリンが周囲に滞留しているからだ。

193

綿のように見える灰色の煙は自然火災から発生する。黒い煙は往々にして燃焼を促進させる化学物質に起因し、放火を示唆することが多い。

194

放火犯の中には、燃えやすいものを壁のコンセント近くに置いて漏電火災に見せかけようとする者がいる。

195

盗難車に残された犯人の指紋を見つけるなら車内のバック・ミラーだ。他人の車に乗った時、容疑者が最初に調節するものだからだ。

196

指紋による捜査は過大に評価されている。テレビの刑事ドラマを観ていると、ほとんどすべての物から、それが人間の皮膚であろうと、漆喰の壁であろうと、メキシコ料理のケサディーヤであろうが、判読可能な指紋が採れると思われがちだ。私も、被害者から何者かが投げ込んだ石に付着している指紋を採ってくれと頼まれたことがある。住宅強盗事件を担当した刑事によると、被害に遭った家の所有者たちは、犯人が飼い犬に触れたかもしれないからと、犬に付いた指紋調査をしつこくせがんだと言う。冷静な判断が勝り、愛犬が証拠として採用されずにすんだのは言うまでもない。

指紋採取がしやすい表面を持つ物はそれほ

どない。コーティングされていないガラスがもっとも理想的だが、塗装された品々も採取が容易だ。光沢のある紙やアルミニウムなどの金属も、そこそこの結果が期待できる。植物やバンドエイドから採れたという話も聞いたことがある。だが、指紋が残らない物品の方がはるかに多い。たとえば加工されていない木材、煉瓦、布、その他もろもろだ。容疑者が埃の積もった表面に触れた場合は、指紋は残らず埃が取り除かれるだけ。エレクトロニクス製品の固いプラスチックは、ざらつきのある表面加工をしてあるため指紋が残らない。

　湿度が高く指先に脂質が浮き出ている時の方が、気温が低く手が乾燥している時よりも指紋が残りやすい。しかし、化学物質を日常的に扱う労働者の手は節くれ立ちすり減っているので、犯罪現場に指紋を残そうにも残すことができない。また、どこでも買える安価な手袋をはめるだけで、強盗犯が鑑識の鼻を明かすことができるのはもちろんだ。

　指紋が見つかる可能性は低いとわかったうえで、それでも現場で採取プロセスを行なうことがある。鑑識がやってきて、ひとしきり採取用パウダーを撒いて去って行く。言ってみれば「捜査のふり」だが、人々はそれで満足するようだ。警察業務も時によってはサーカスのようなもの。市民に警察の健闘ぶりをアピールするために出動することだってある。

197

慎重かつ繊細な対応を要する犯罪がある。こういう事件を扱う部署で長年勤務する警官や刑事の多くは、心身ともに消耗しきっているように見える。子どもが被害者の犯罪を四六時中担当していれば、誰しもそうなるだろう。彼らと話していると、小児性愛者、つまり幼児を性欲の対象にする者の特質を次のように説明してくれる。この手の性犯罪者はオールヌードのハル・ベリーが目の前を歩いたとしても目もくれない。一糸まとわぬアカデミー賞女優を押しのけ、この連中は七歳の男の子や一〇歳の女児に殺到するのだ。

考えてみれば、たいていの犯罪は目的を達成するための手段だ。店に押し入るヤツは金が欲しいわけで、必ずしも強盗そのものが好きなわけではない。金を手に入れる方法がほかにあれば、おそらく盗みはしないだろう。だが小児性愛者にとっては、子どもとのセックスは手段であり目的でもある。こうする以外に欲望を満たすことができない輩なのだ。

これらの捜査をする同僚たちが疲れきって見えるもう一つの理由は、おそらく、児童ポルノの捜査を行なわなければならないからだ。容疑者が被害者とのセックスを記録している場合、担当警官の心労は一層深刻だ。事実、巡査の職務として、初めて児童ポルノを目にした時のことは忘れられるものではない。同い年の息子や娘がいればなおさらだ。幼児に対する性犯罪は、機能不全に陥った世の中を象徴している。これらの下劣で恥ずべきイメージと、社会が本来あるべき姿には理解不能なズレがある。正常な心を持つ者は、闇社会の出来事に思わずたじろぐ。

「それでも世界は邪悪より善に満ちている」。酸いも甘いも噛み分けた警官ならそう思いたい。しかし児童ポルノを目の前にする時、希望的観測は大きく揺らぐ。それからふと気づくのだ。この許しがたい犯罪で拘留中の容疑者の命は保障できないと。独房に出向いて容疑者に手をかける自分を想像する。言語に絶する罪を犯した者を罰するためなら、懲戒免職になり刑事責任を問われることになろうとも、そうする価値はあるのではないか。あたかも性犯罪容疑者に対する暴力が、世の失われたバランスを取り戻す行為であるかのように、ほんの一瞬、本気で考える。

もちろん、そんなことはできないし、願望は封印するしかない。だがその晩、帰宅して見るわが子の寝顔に思わずすすり泣き、そして迷う。息子や娘が「世の中には本物のモンスターがいるの?」と聞いてきたらどうするかと。「そんなものはいないから安心しなさい」。そう答えることが、子どもたちに対する本物の誠実さだろうか。

198

子どもが殺害された事件では、容疑者はたいてい見つかる。熟練した殺人捜査班のお陰もある。しかしそれ以上に、事情を知る者がそれを話す傾向にあるからだ。なんと言っても殺されたのは子どもで、麻薬取引のこじれから撃たれた職業犯罪者ではない。こんな時代でも、人々は子どもたちの謂《い》われない死に憤りを感じるのだ。最初に口を開くのは、子どもを撃った容疑者のガールフレンドか従兄弟、あるいは友人かもしれない。そしてそれが人づてに警察の耳に届き、殺人課の刑事が動き出す。刑事たちは容疑者を追い詰めて逮捕。しばしば自白を引き出し、有罪判決を勝ち取る。

悲劇が起きたコミュニティでは、亡くなった子どもの家族とともに人々が結束し、しばし平和行進を行なう。ロウソクが灯され、現状を変えようという誓約が交わされる。時には地域社会が一時的に向上することもあるが、ほどなくして元の木阿弥になる。

199

犯罪者のやることは理解できない。私が捜査した一件では、女が飼い犬を連れて強盗に入り、盗みのあいだ犬を裏庭の排水管につないでいた。帰宅した住人は見慣れぬ犬を不審に思い、すぐ寝室を調べた。そこで宝石類や電化製品を物色している強盗に出くわした。

刑事と一緒に男女二人組を強盗容疑で逮捕したことがある。ナイフを突きつけられた被害者は女の元カレだった。逮捕現場はこの二人組の自宅だった。教会の夜間礼拝から帰ってきたところを捕まえたが、この女、「私、困ったことになったのかしら」とでも言いたげな表情ですぐに強盗容疑を認めた。今も法律書に記載されてはいるが起訴されない古風な犯罪、たとえば姦通と、武装強盗を同じものだと見なしていたのだろうか。こういう手合いを相手にしていると、理屈や動機を究明しようという気持ちはさらさらなくなる。連中が不可解なやり方で犯罪を起こすのは、それがたまたま曇りの日だったり木曜日だったりするからで、つまり、まったくデタラメなのだ。

200

容疑者の特徴に一致する人物を拘束し、それが別人だったということがまれにある。ことに混乱した現場では誤認逮捕は起きるものだ。

二〇〇〇年、黒人ロック歌手レニー・クラヴィッツがマイアミ警察に拘留された。手配中の銀行強盗に特徴が一致したからだ。警察はグリーンのズボンを履いた、ひげ面でアフロヘアの黒人男性を追っていた。警官たちがレニーに出くわした時、彼は無精ひげを生やし濃いカーキ色のズボン姿。しかも身分証明書を持っていなかった。レニーは手錠をかけられ、銀行の出納係が容疑者でないことを確認するまで、短時間だが拘束された。報道によればレニーは現場で協力的な態度を見せ、警官らと握手も交わしたという。本人も後日、自分が銀行強盗容疑者の特徴に一致することを認めている。

だがレニーはこの事件をテーマにした『銀行強盗の男』という歌を作曲している。

「オレたち警察には理由なんか要らないさ お前は監獄（can）行き 銀行強盗の男にそっくりだ……オレの肌が褐色（tan）だから それで犯人だと思うのか」

まず英語という豊かな表現を持つ言語には、「カン」（監獄）と「タン」（褐色）というライミング（押韻）より、もっと響きのよいペアがあることをレニーは知らない。それだけでなく、**警官には人の心を見通し、真犯人かどうかを特定する能力はないという事実にも気づいていない。多くの場合、容疑者かどうかの判断は人相書きに頼るしかない。**もしかしたらレニーは、あの一時的な拘束が堅実な警察業務の遂行であったことを理解していなかったのかもしれない。ことによると、わかったうえで物議を醸し、レコードの売り上げを図ったのか。むろん『銀行強盗の男』は単なる歌であり博士論文でないことは承知している。またレニーには、事実設定を変更する創作特権があることも知っている。しかしこの歌の中で人権侵害と、警察が犯人の絞り込みに人種を加味したと示唆することで、彼は警察の公平なイメージを毀損した。

ちなみに人種プロファイリングに関して言えば、人相描写で容疑者が黒人男性だとされた場合、警官が黒人男性に注意を向けるのは理屈にかなったことではなかろうか？　それとも平等主義に徹するため、捜査の過程で往年のクイズ番組ホスト、ウィンク・マーチンデールに出くわしたら、白人の彼も拘束する必要があるのだろうか？

201

時折、竹を割ったような性格の、というか、馬鹿正直な容疑者に出会うことがある。痴話ゲンカの挙げ句、ボーイフレンドの背中にナイフを突き立てた女友達はこともなげに言う。「そうよ、私が刺してやった。だってあいつ最低なんだもの」

「盗み目的で店に入ったのか？」。容疑者が肯定すれば軽犯罪の万引きではなく重強盗罪で逮捕できるケースだ。容疑者の答えは、「ああ、一日中やろうと思って計画した」

このような正直さの一端は、結局のところ、人は自分のことを話したがる、ということなのかもしれない。いずれにせよ、彼らを見ているとコメディアン、ロン・ホワイトのセリフを思い出す。

「私には黙秘権がある。が、黙秘する能力がない」

202

爆弾脅迫事件の捜査では、爆破装置の捜索はいささか漫然となりがちだ。というのも、この手の脅迫で本物の爆弾が使われることはめったにないからだ。爆弾処理班のベテラン刑事に聞いたことがある。これまでに対処した爆弾脅迫の中で、実物が出てきたケースはどのくらいあるか？　彼は一瞬躊躇し、そして言った。

「それがね、ないんだ。一件も」

203

犯行後、あたりをうろつく強盗容疑者はいない。強盗事件百件中、現場周辺で犯人を逮捕できるのは一件に過ぎない。犯行現場となった家の中で犯人を発見できる可能性は、アイルランド伝説の妖精レプラコーンやアメリカ先住民神話の人喰い悪霊ウィンディゴに遭遇する確率と似たようなものだ。

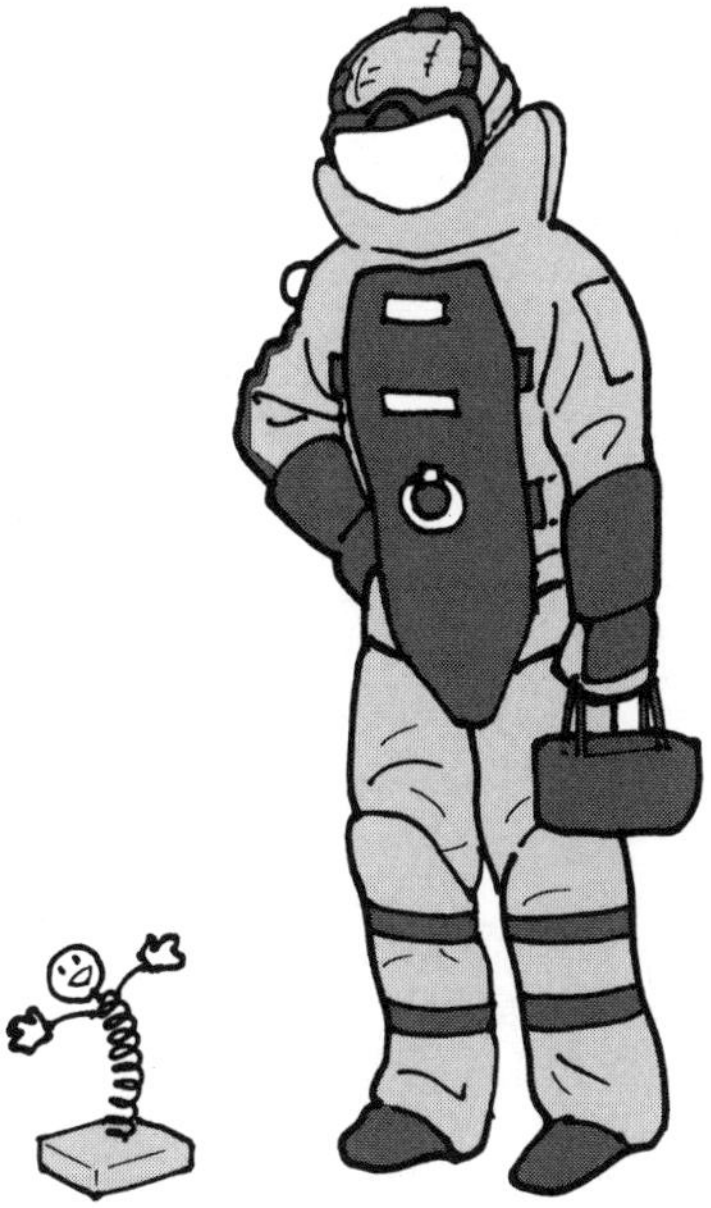

204

警官は概して強盗事件発生の通報で出動するのを厭がるものだ。この手の捜査はひどく手間がかかる割に見返りが少ないからだ。強盗の検挙率は一五パーセント前後（容疑者が最終的に起訴され有罪判決を受けるかどうかに関係なく、逮捕の時点で検挙率に加算される）。盗難物品のリストは膨大で、たとえば三〇種類の宝石の場合、それぞれのスタイルや宝石の個数と大きさを報告書に記載しなければならない。これをテレタイプで全地区に送信する。盗難に遭った品々の中には、祖母から譲り受けたブレスレットとか所有者の名前を刻んだ金のネックレスなど、お金に換算できないものもある。その多くは街かどで麻薬のために二束三文で売りさばかれる

犯罪捜査の一環として、目撃者を求めて周辺の戸別訪問を行なう。空き巣はあまり物音を立てないので、思ったような成果が挙がらないことが多い。が、時として金脈を掘り当てることがある。詮索好きの住人を見つけ出して話を聞くと、「もちろん見ましたとも。盗みに入られた家から男が出てくるのをね。毛布にくるんだ電化製品を運んでました。犯人を前に見たことがあるかって？　もちろんですとも。クラック常習者のジョニー。すぐ近くに住んでるヤツです。ああっ、お巡りさん、ほらあそこを見て。いま道を歩いて行くのがジョニーですよ」

205

行方不明になったり誘拐されたりした子どもを捜索する時は、子どもの身体が入り込めるあらゆる場所を探さなくてはならない。

子どもがいそうな所だけではなく、入ることが可能な場所はすべてだ。つまり、台所のキャビネットやゴミ箱、冷蔵庫、冷凍庫、それにオーブンも。発見時生存していたかどうかにかかわらず、これまでに子どもが見つかった場所は洗いざらい探す。

206

暴行事件の捜査では、何が起きたかを明白に示す手がかりがあるものだ。ひっくり返された家具、身を守ろうとした時にできる防御創、そして引き裂かれた衣類などだ。しかし、頼りにならないものもある。それは鈍器などで殴られたことによる外傷だ。打撲の跡が黄色でも紫でも緑でも、傷の色合いからはケガの程度や鈍器性外傷が起こった時刻についてなんら情報は得られない。この事実は複数の研究で証明されている。

207

コンピュータ化された容疑者の顔写真を見て、被害者が犯人を特定できるケースは稀だ。捜査を進展させるには、被害者が「こいつだ！」と言いきる瞬間が必要だが、なかなかそうは行かない。気の毒なことに、彼らは往々にしてスクリーンの写真に目を瞬かせ、「なんか、この男に似ているような気もするけど、ちょっとはっきりしないな……」を繰り返す。

208

万引犯は商品を盗む際、カメのような仕草をすることが多い。頭をわずかに垂れ、背中と肩を丸めて前屈みになるのだ。罪の意識からというよりは、無意識のうちに、人目をはばかるこそ泥の役を演じているのだろう。

209

事件を捜査していると、現実にはありそうもない情報に接することがある。しかしだからといって、最初から無視しない方がいい。警察学校の教官がこんな例を挙げてくれた。「ミルウォーキー市警には同姓同名の警官が二人いる。その名をブロンコ・スタージェイサフォージャビックという。彼らは血縁者ではない、念のため」

210

ハイビームを点けっぱなしにしている車は盗難車かもしれない。窃盗犯がステアリング・ロックをドライバーで壊す際、ヘッドライトのコントロール装置も損傷し、ハイビームが戻せなくなることがあるからだ。

211

武装強盗事件の捜査では、容疑者の特定につながる肉体的特徴があると大いに助かる。ひどいニキビとか、首筋の刺青、それに出っ歯などだ。特徴的な歩き方をしたり、言葉に独特の訛りがあったりする場合も同様だ。容疑者が複数の場合、お互いを何と呼び合っていたか、ニックネームは使っていたかなども手がかりになる。

また、犯人たちが何と言って金を要求したか。たとえば「金を出せ」と「このあま、言う通りにしろ」の違いは大きい。なぜなら、強盗犯は同じセリフを繰り返し使うものだからだ。容疑者の口癖から、この人物が複数の犯行に関与していることを突き止められる。

もちろん銃口を突きつけられた被害者が、容疑者の特徴や要求を思い起こすのは至難だ。コンパクトな二二口径であろうと大型の四五口径であろうと、彼らの全神経は目の前の拳銃に奪われており、それは戦艦の大砲サイズに見えたことだろう。

容疑者と犯罪を結びつけるもう一つの方法は、彼らが留置所でかける電話だ。重犯罪で逮捕した場合、被告を有罪に導く証拠を集めるため通話をモニターすることができる。郡の留置所には「通話は録音されている可能性がある」と、大きな警告があるにもかかわらず、犯罪者は法廷で不利になることをうっかり口にすることがある。しかしこれは、容疑者の陳腐きわまりない日常を根気よくかき分けていく作業にほかならない（もっとも、我々の電話内容が必ずしも興味深いものだというわけではないが）。朝食に何を食べたとか、天気のことだとか、ポテトチップを買いたいので留置所の口座に振り込んでくれだとか、そんな類いの話が延々と続く。しかもこれは最初の二分。録音はあと九時間ぶんも残っている。

212

警官が巻き込まれる危機的状況はその多くが数秒から数分で解決をみる。だが、これに続く書類手続きには何時間もかかる。まず事件の報告書、検挙報告書、物品管理書、地方検事用書面、逮捕報告書、拘束者供述書、そして目撃者全員の聞き取りを記した補足レポートだ。しかるのち、警部補がサインした報告書はコピーして束ねられ、各部署に送付される。しかし、報告書によってコピーの枚数や色が違う。連絡事務所には検挙報告書のコピーを送る。事件報告書のピンクのコピーは地方検事のオフィスに送る。オリジナルの検挙報告書は緑色で、これは記録センターに送られる。検挙報告書の白いコピーは地方検事に送付される。逮捕報告書のコピーは六部必要で、一部は証拠品管理係へ、一部は警部へ、三部は郡留置所へ、そして二部が地方検事へ転送される。書類の中には片面コピーでよいものと両面コピーが必要なものがある。ページ順にしなければならない時も、サインをしなければならない場合もある。複雑怪奇な事務手続きを思い出そうとコピー機をぼんやり見やる。そして、テレビドラマの刑事バレッタは、どうやってこのナンセンスを免れたのだろうと考えてしまう。

第11章　交通取り締まり

交通違反取り締まりでは面白い話がいつも聞ける。
フェニックス市警察ウェイン・コーコラン巡査部長

213

無免許や免停、免許取り消しのまま運転しているドライバーがたくさんいる。彼らを停車させ免許証の提示を求めると、こんな言い訳から始める。「すぐそこの映画館に行くだけなんで……」とか「友だちをちょっとそこまで乗せていく途中で……」。どうも距離が短ければ情状酌量してもらえると思っているらしい。大陸横断冒険に挑んでいる無免許ドライバーだけが違反切符を切られるべきだとでも言うのか。

214

車が高速で人をはねると、被害者の衣服の模様がバンパーに残るほどだ。激しい衝突で歩行者が履いていた靴は脱げてしまうが、靴だけは現場にそのまま落ちている。

215

エアバッグが作動すれば搭乗者の命は助かる。しかしバッグが急膨張する際の勢いで、アゴや鼻を骨折したり、化学火傷を負ったりすることもある。

216

白髪の婦人がハンドルを握り、切り花が後

部座席に置いてある大型車と、ギャングじみた服装のティーンらが乗るセダンという選択肢があった場合、後者を停車させることの方が多い。これをプロファイリング、つまり外見による犯人選別だと言って批判する人々がいる。プロファイリングがいつの間に禁句になったのか知らないが、外見から犯人を識別するのは常識であり、正しい警察職務の遂行だ。ここでは犯人の絞り込みに人種を加味する類のプロファイリングを言っているのではない。人種的プロファイリングは不正行為であるだけでなく、まったくのナンセンス。なぜなら犯罪者の素性は人種や宗教など千差万別だからだ。最も悪質な逮捕者は、往年のスポーツ小説『チップ・ヒルトン』の金髪碧眼の主人公より肌が白いかもしれない。しかし人種を加味しないプロファイリングは可能だ。要するに選択の問題。麻薬密売所の前から車を出した目つきがソワソワした男と、誕生パーティの帽子をかぶった子どもたちを満載したステーションワゴンを比べ、犯罪を減らすためにはどちらを停めるのがより有益か？　勝算の高い方を選ぶことだ。

217

交通違反者には切符を切るかお説教するかのどちらかを選ぶ。両方ではあんまりだ。

218

停車させたドライバーが車の所有者でない場合、運転する許可を得ているかどうかの判断はやっかいだ。車がドライバー名義になっていないことはよくあり、未報告の盗難車でないことを裏付けるには、オーナーを確定しなければならない。オンボロ車の場合はとくにだが、車は頻繁に持ち主が替わるうえ、所有者変更の書類がほとんど付いてこない。したがって、現存の所有権利書に載っている人物は四代前のオーナーかもしれない。そこで誰の車かと聞くと「知らないねえ、二十番通りとスコット通りのダチにもらったんだ」みたいな答えが返ってくる。

「その友だちの名は?」

「ピーナッツ」

「本名は?」

「さあねえ。みんなピーナッツって呼んでる」

219

交通取り締まりで車両を停止させる際には、まず車内の動向に注意を払う。もし肩を上げる動作を目にしたら、拳銃をベルトから抜いたところかもしれない。警官に向かって発砲するか、座席の下に隠すためだ。

> 年季の入った犯罪のプロは手の込んだカラクリで禁制品を隠そうとする。たとえば、カーラジオのチャンネルを101・8にセットしたうえで、ハンドルの下に隠された二つのボタンを押すと、センターコンソールの隠し箱が開くという仕掛けだ。中には拳銃とコカインの塊が忍ばせてある。この種の隠し場所を発見することは非常に困難だが、それだけに、手の内を見破った快感は格別だ。

220

停車させてみると、ドライバーが英語はわからないと主張する場合がある。言い分を額面通り受け取って、警察の通訳サービスを利用するのも手だが、わからないフリで無罪放免になることを目論んでいると直感したらこう言う。「あれ、助手席に二〇ドル札が落ちてるぞ」。もしドライバーが隣を見やったら「なぜわかった?」と聞いてやるのだ。

221

車をどこに停車させるかは重大な意味を持つ。たとえば、閉店間際のバーの前は賢明な選択とは言えない。出てきた酔っ払いがパトカーに千鳥足で近づき、停車させた車のドライバーにからんだり、酔った勢いで警察のパトロール方法にケチをつけたりするからだ。

パトライトを点灯してからも相手が数ブロック走り続け、薄暗い路地にさしかかったところでゆっくりと停止した場合は、待ち伏せを仕掛けてくる可能性がある。まず応援を呼び、拳銃を抜いて銃撃戦に備える。

222

停車させたドライバーが、取るものも取りあえずタバコに火をつけたら、この人物には逮捕状が出ていると思ってよい。手錠をかけられる前に、最後のタバコを吸っておこうという心理だ。これは「重罪犯の一服」として知られている。時としてこの手のタイプは、兄弟や従兄弟の名前と生年月日をかたってその場を逃れようとするが、年齢や生まれ月の星座を間違えて尻尾を出す。こんな場合は「今日はどの名前を使うつもりですか?」と聞いてやる。

一服する代わりに、ドライバーが窓から首を出してこちらを見たら要注意。これほど露骨な好奇心を示すのは、犯罪者か警察ドキュメンタリーを撮っているディレクターしかいない。

223

蓋を開けてみるまでわからないのが交通取り締まりだ。停車させた相手は、小学校四年生の時にビオラの弾き方を教わった音楽の先生かもしれないし、職場の因縁を拳銃で解決しようとオフィスに向かう社員かもしれない。したがって停車させた際は、常に潜在的危険をはらむ状況として対応する。ドライバーにはていねいな態度で接しつつ、いつでも撃てる体勢を整えておく。

224

警官に停車を命じられたのは自分が少数民族だからだ、と主張する人たちがいる。しかし、ドライバーの人種を言い当てることは、暗かったり、スモークガラスだったり、距離があり過ぎたりして、ほとんど不可能だ。実際、止めてみたら運転していたのは実の母親だったということすらあり得る。

225

ボンネットに飛び乗って走る車を止めようなどとは間違っても考えないことだ。本物の警官は、警察ドラマ『パトカーアダム30』の主人公フッカー巡査部長でもなければ、新米のロマノ巡査でもない。

226

まれにだが、停車させたドライバーが病気で病院に行く途中だと言い張ることがある。緊急事態なら救急車を呼ぶかと聞くと、ほとんどは「ノー」と答える。が、曖昧な症状を訴えた挙げ句、本当に救急車を要請した女性が一人だけいた。私は病院まで一緒に行き、そこで交通違反切符を切ったが、この展開にはさすがの彼女も驚いたようだ。看護師が彼女に容態を聞くと口ごもった。「仮病を使ったんだけど、この警官がしつこく付いてきて……」。代わりにそう答えてやりたかったが、なんとか思いとどまった。

227

パトカーが警告灯を点灯しサイレンを鳴らしながら近づいてきたら、ドライバーは速やか、かつ安全に右端に寄せて停車する。法律でそう定められているにもかかわらず、右側の車線に移ったあともそのままパトカーと併走するドライバーが必ずいる。勝手に自分を保安官助手に任命し、応援のため事件現場に同行するかのようだ。

車線変更するだけの十分なスペースがありながら、よりによってパトカーの真正面で車を止める者は思考停止に陥っているのだろう。ひたすらじっとしていれば、パトカーと警官が自然消滅するとでも言わんばかりだ。

この種の交通違反にはさまざまな理由がある。携帯電話に気をとられているドライバーもいるだろうし、サイレンなど外部音が聞こえにくい仕様の車を運転しているのかもしれない。知り合いの巡査部長の話だが、非番中に運転していたところ、突然バックミラーに、真後ろに迫ったパトカーの警告灯が見えたという。なぜ気がつかなかったのか？　同僚の答えは「過去一六年間、自分が運転するパトカーのサイレンを聞き続けた結果、耳が半分聞こえなくなっていた」だった。

理由を問わず、**緊急連絡で現場に向かう途中、スピードを落とさなければならないことほど腹立たしいことはない。ふだんは物腰の柔らかい警官でさえ、前を走るノロノロ運転のドライバーに暴言を浴びせる。**このフラストレーションの主な原因は貴重な時間が失われることだが、ノロノロ運転のドライバーに対し打つ手がないことも怒りを増幅させる。現場に急行中だから相手を停車させ違反切符を切る余裕はない。仮にナンバーを書き留めたとしても、この手の違反を後日処理する時間はなかなか見つからない。

こういう場合は違反ドライバーを道端に停車させて免許証の提示を求める。次にそれをパキパキ割る。破片になったライセンスを失礼のないよう持ち主に返し、しかるのち再び現場を目指す。もしこんなことができたら時間もかからないのだが……。

228

徒歩パトロール中、車にぶつけられたがかすり傷で済んだとしよう。同僚はお義理に同情を示したあと、すぐさまニックネームを進呈してくれる。「減速バンプ」（訳者注：速度を落とさせるため道路に作るコブ状の盛り上がり）だ。

229

交通事故で電柱が倒れて送電線が切れ、地上に垂れ下がっている現場に遭遇したら、車の人たちに、両手をポケットに入れて何も触らず、車内に残るよう指示する。タイヤはゴム製で絶縁されているから、感電死する恐れはない。すでに車外に出ている人々には、足を地面に付けたまま、すり足で一五メートル以上車から離れさせる。これは周辺の地表に高圧電流がたまっている可能性があるからだ。走ろうとして足が地面から離れた瞬間、電気ショックを受ける。また、電気が通じている電線の二メートル以内に近づくと、まるで生きている蛇のように追いかけてくる。人体は電流が流れやすいため、電線が通電しようとするためだ。

230

出動要請の無線連絡がひっきりなしに舞い込んでくる時など、交通取り締まりのため車を停める時間は限られてくる。したがって停車させるとなったら、逮捕状が出ているドライバーだとか麻薬や銃器など、ある程度の成果を期待したくなる。統計的に言うと、女性はこの手の見返りに結びつくことが男性より少なく、したがって停車させる機会は少なくなりがちだ。「交通取り締まり検挙における男女平等監督委員会」に召喚されるようなことがあれば、不公平だと見なされよう。しかし、自分のやり方には自信を持っているし、それなりの結果も出してきた。ドライバーの性別を識別できないまま車両停止を行ない、ハンドルを握っているのがたまたま女性であった場合も当然取り締まりは続行する。しかし十中八九、成果なく終わる。こうして自分の信条の正しさを再確認しつつ現場をあとにすることになる。

もっとも、時にはこんな光景も想像する。女性三人組の武装強盗が武器と強奪金品を満載した車から色っぽい仕草で手を振るが、自分は男性ドライバーに気を取られ迂闊にも手を振り返すばかり……。

最後にひと言。交通違反取り締まりで車両停止を行なう女性警官の何割が、私のように女性ドライバーを避けるかは知らない。だが、おそらく女性警官の代弁はしない方が無難だろう。妻がよく言うことだが、私には女性のことがあまりわからない。

第12章 死体

死は風よりも速くやって来る。
そしてとりこにしたものを
決して手放すことはない。
『ある母の物語』ハンス・クリスチャン・アンデルセン

231

死臭に対処するため、鼻孔の下にコロンを吹き付けたり、火の点いていない葉巻を噛んだりする警官がいる。だが、それをぐっと堪え、遺体と同じ部屋に居続けるのが慣れるための最良手段だ。部屋から出入りを繰り返すと、そのつど強烈な腐臭に鼻を慣れさせなければならない。

232

死亡現場では、遺体の変色によって、その人物が息を引き取ったおおよその時間帯を推測することができる。空気に触れた血液は数時間で黒色になる。血液が遺体の四肢《しし》に溜まることで起こる死斑は紫がかった赤で、早ければ死後二〇分、遅くとも四時間で現れる。遺体は最終的に腐敗し緑色になる。周辺温度によっても違うが、通常この変色は死後二四時間から三六時間で始まる。冷蔵庫から出しっ放しにした肉が変色するのと同じだ。考えてみれば、人体も肉なのだ。

233

心肺蘇生法（CPR）で命が救える可能性はわずかだ。成功率を三パーセントとする研究結果もある。CPRを含む実地研修で、あるベテラン巡査は「六回やって一人も救えなかった」と言っていた。

心肺蘇生法で人を救える可能性は少ないとはいえ、胸部圧迫は懸命に行なう。すでに大量の血液を失い皮膚が透き通るように見える被害者でも、傷口には手でじかに圧力を加えて止血を試みる。このような被害者の大部分は亡くなる。しかし、できる限りの手は尽くしたと自分に言い聞かせることで、後々いくらか救われる。

234

室内で発見された遺体にかじられた痕があり、四肢が欠けているような場合は飼い猫を探す。しばらく餌を与えられていなければ、猫は死亡した飼い主を食べ始める。犬も同じだが、猫より数日は食べるのをガマンする傾向が見られる。どちらがより忠実なペットか、これでわかるだろう。

235

心臓が停止した場合、人が生存できるのは四分間が限度だ。

236

死亡現場では捜査終了後、検視官か葬儀屋が到着するまで、警官の手が空くことも珍しくない。死体は日常的に目にするうえ生前の故人を知らないこともあり、空いた時間、その場に居合わせた警官と世間話を始める。間近に迫った署内対抗ソフトボール大会について話すこともあるだろう。あるいは残業時間に入っていることに気づき、「チーン」とレジの音を真似て、「ボロもうけだ」と冗談を言うかもしれない。

なかにはこれを故人の家族の面前でやらかす警官がいる。言うまでもないが、この種の無神経さは許されることではない。多くの警官はこれを肝に銘じており、日頃から自制している。

家族がどこかほかの部屋にいても、声は遠くまで届くことを忘れてはならない。女性が刺殺された事件を扱った時のことだ。犠牲者の喉は、電動ノコギリでも使ったかのように深く切り裂かれていた。出動してきた警部補と警官は隣室にいたが「オエーッ」と言って高笑いしていた。それを耳にした犠牲者の家族は口元を固く引き締め、「死者への尊厳はないのか」と声を絞り出した。

私はこの時、犠牲者と家族を永遠に引き裂く死の重みを忘れていた自分に気づいた。愛する者の亡骸《なきがら》のそばで見ず知らずの警官が声高に笑おうものなら、逮捕につながることなど考えず、掴みかかっていくのがヒトの本能だろう。警官が遭遇する状況には、良識をもって接することで市民に礼を尽くせる場合がある。常識を欠いた行為が耐えがたい苦痛を与えてしまうことも多い。

237

テレビを観ながら亡くなる人は多い。手にはリモコンがしっかり握られていることも珍しくない。テレビアニメシリーズ『ザ・シンプソンズ』の長時間連続放映を見ている最中に急死した人を見たが、おそらく幸せに逝ったのではなかろうか。奇妙な姿勢で亡くなると、死後硬直がそれをそのまま保存する。穏やかに口を開けたまま永遠に動きを止めたり、四肢を宙に浮かせたまま亡くなったりする人たちもいる。

ある女性検視官の話。死亡現場に赴くと、二人の女性がテーブルに片手で頬杖をついて座っている。一人は死亡した犠牲者で、もう一人は姉か妹だった。が、検視官はどちらがどちらなのか一目見ただけではわからず、生きている方が話し始めるのを待たなければならなかった。

238

自然死が暴力や犯罪行為の結果のように見えることもある。一例を挙げれば心臓発作。犠牲者は自分の舌を噛んだり、よろめいた拍子に周りの品々をひっくり返したりするからだ。その逆もある。自然の原因で死んだように見える者が、実は窒息死させられたとも考えられる。それを判断するのは検視官の仕事だが、点状出血といって、眼球の白い部分に現れる赤い点が窒息死の証拠になりうる特徴だ。

239

薬物による自殺は一般に安らかな死だと思われているが、アスピリンの過剰摂取による自死は途方もない苦痛をともなう。消化器を下っていく錠剤が胃や肝臓に穴を開けるからで、言ってみれば、身体の内側から酸にむしばまれていくようなものだ。

240

捜査が一段落して現場の整理が終わる。するとその場の不気味さのせいだろうか、一人、また一人と身の毛もよだつ死亡事件の体験談を披露し始める。誰の話がいちばん陰惨かを競う、警官仲間の屈折した奇譚コンテストだ。私もそんな場に居合わせたことがある。ある刑事の話がその場を絶句させた。彼が捜査した死亡事件で、通過した列車に顔面を細かく刻まれた男の話だった。

241

検視官が死亡現場にやって来る。彼女は故人の眼球に長い注射針を挿入する。薬物およびアルコール含有試験が必要となる場合に備えて体液を採取するためだ。(眼球内の液体が信頼できる結果をもたらす) このプロセスを故人の身内が目にすることがないよう、ドアは必ず閉めておく。

242

死亡者が出たとの通報で現場におもむくと、高齢者の場合が多い。なかには第二次世界大戦に出征した老兵もいる。そういう家では、硫黄島で海兵隊員が星条旗を立てる写真があったり、壁にダイヤル式電話機がかけてあったりする

　故人を囲む友人や親戚は、とぎれとぎれに涙を流しては抱擁を繰り返す。彼らの中には、舫《もやい》を解かれ漂う小舟のように見える者もいる。自分だけが招かれざる客という状況に置かれれば誰しも居心地が悪い。警官も例外ではない。したがって、故人の家族らと何らかの接点を見つけることが望ましい。「故人はどんな人でしたか?」「故人の趣味はなんだったのでしょう?」。こんな問いかけが、会話のきっかけになるかもしれない。

　不審死ではなくても、故人の住宅内はくまなく歩いてチェックする。そうしておく方が、あとになって必要になるよりよほどよい。亡くなったのが一人暮らしの老人でも、遺体がほかにないかどうか確かめる。要は見落としがないようにする、ということだ。

高齢者の住居は、写真や衣類が詰まった多数の箱やガラクタ類で雑然としていることが多い。卒業アルバム、缶コーヒーの空缶、ボーリングの靴、何の競技で誰が表彰されたのかわからない色褪せたトロフィー。自分が誰で、どんなことをしてきたのかを示すためにヒトが集める品々だ。クモの巣を払いながら、埃にまみれた本や壊れたオモチャ、「冬物」とか「秋用」とか書かれた箱を懐中電灯で照らし出す。この年老いた男性は、いったいどうして生家で孤独死を遂げることになったのだろう。そんなことに思いを巡らせつつ、老人が生前使っていた部屋を一つ一つ調べていく。

243

首つり自殺に高い場所は必要ない。ドアノブや公衆トイレの手すりを使って縊死《いし》することもできる。前屈みになって縄に体重をかけ、結び目を固く締めて気道をふさぐだけでいい。しかし縊死者の中には、天井の扇風機や屋根裏部屋に通じる狭い階段のような高所を選ぶ人もいる。後者の場合、殺人の可能性を示唆するものがないかどうか、遺体の後ろの屋根裏部屋を調べる必要がある。しかし証拠保全のため、まだ縄を切ってはいけない。拳銃を抜いて急階段を登る。死者のどんよりした眼と灰色に変色した顔がすぐ目の前に迫り、すり抜けざま、警官と縊死者がほんの一瞬、ぎこちないダンスを踊る。

244

とりわけ残忍な殺人現場に出動したとしよう。犠牲者に非がないと思われる場合はとくに、むごたらしい死が心に刻まれる。署の上司たちは、心的外傷を残すこのような現場に出たあと、誰が病欠をとるか注意して見ている。警官の職務に付きもののトラウマをうまく処理できる者と、そうでない者を見分けるためだ。

休むことにした場合でも、アクティブでいることが大切だ。きちんと朝食をとり、散歩でもジョギングでもサーフィンでも何でもいいから、とにかく外に出て時間を過ごす。快い疲労感と全身の血管を駆けめぐる血潮を味わうのだ。そうすれば、こういう結論にたどり着くだろう。「あの犠牲者は気の毒だった。だが、自分はこうして生きている」

第13章　売春婦と客

売春を法律で禁じることはできても、なくすことは不可能だ。
ニューオリンズ市長（一九〇四〜二〇年、一九二五〜二六年）マーチン・ベアマン

245

街娼の素性は十人十色だが、多くは信じがたい肉体的、性的虐待を生き延びてきた者たちだ。ひとつ共通しているのは、彼女たちが麻薬中毒者で、人生の崖っぷちで生きているということだ。売春婦は色情症患者ではない。実際、性行為を好む娼婦はいない。身体

を売るのは、それが手っ取り早く金を得て麻薬でハイになる方法だからだ。

映画『大逆転』でジェイミー・リー・カーティス演じる心優しい売春婦は、ユーモアがあってスポーツウーマンのうえ愛嬌まである。実際にはこんな街娼に出会うことはまずない。彼女らは全財産を汚れたハンドバッグに詰め込んで、路地をあてもなく歩きまわる。覚醒剤常習者の毎日には向上も希望もなく、娼婦らはただ、破滅へ向かう選択を繰り返すばかり。それは進行性疾患の末期症状と似ていなくもない。

246

売春を「被害者なき犯罪」と平気で呼ぶ人がいる。が、売春は違法薬物によって支えられており、その逆もまた成り立つ。つまり、加害者と被害者という二つの顔を持つ娼婦たちに犯罪者が群がるのだ。彼女らはまた、使用済み注射器やコンドームを学校付近の裏通りに放置したりする。その結果、周辺の不動産価値は急落し、地域社会は不安定化する。

247

売春は危険なビジネスだ。どこの誰とも知れない男の車に乗り込む街娼にとってだけでなく、客にとっても同様だ。娼婦の中には、首の後ろに剃刀をテープで貼り付けている者がいるが、使うとなったら躊躇しない。罠を仕掛け強盗に及ぶ売春婦もいる。客が言われたとおり人気のない裏道に車を入れるや、娼婦は車から飛び降りて走り去る。間髪をいれず、共犯者が客に拳銃を突きつけるという段取りだ。当然ながら、この種の事件はほとんど警察に通報されない。

248

セックスの見返りに払う金がないとしよう。客がクラック・コカインを持っていれば、それで支払いができる。これは麻薬デートと呼ばれ、売春婦にとっても都合がいい。客が払う金でクラックを買う手間が省けるからだ。売人をバイパスするわけだ。

249

走行中、開け放たれた助手席のドアから女性が飛び降りようと身構え、それをドライバーが必死で止めようとしている。この場面、誘拐未遂事件か家庭内の暴力沙汰かもしれない。しかし女性は売春婦でドライバーは客、というシナリオのほうが可能性は高い。売春の適正価格をめぐって言い争いになったのだ。誰しも似たようなことをするものだ。

250

警察のシステムをよく知るベテラン売春婦を逮捕したとする。彼女は刑務所送りを避けようと精神障害を装うかもしれない。精神病患者支援センターに送り届けてもらう魂胆だ。こういう場合、娼婦は往々にして、パトカー車内のプラスチック製仕切り板に頭を打ちつけ「死にたい!」と言い張る。本物の精神疾患患者なら出血するまで頭をぶつけるが、詐病なら彼女らに演技させ、こちらは時計を見ながら待てばいい。次第に迫真性は失われ、ついには「わかったわ。刑務所に連れて行けばいいでしょう」とげんなり言う。

251

売春おとり捜査にはいくつか方法がある。女性警官が娼婦役になるのがそのひとつだ。一ブロックほど離れたところで、覆面パトカーに乗った制服警官がバックアップとして待機し、風俗犯罪取り締まり警官もスポッターとして覆面パトカーから女性警官を見守る。客が車で近づいてきたら女性警官は車外から商談を始め、いかなる場合も客の車には乗らない。危険が大きくなり過ぎるからだ。スポッター役の警官は、おとり役と前もって示し合わせたサインを待つ。たとえば、髪をうしろに撫でつける仕草をしたら、セックスのための金銭交渉がまとまったという具合だ。そして、スポッターから連絡を受けたバックアップが覆面パトカーでやってきて客を逮捕する。

もうひとつのおとり捜査は、男性警官が単独で覆面パトカーを流して売春婦を探しまわるものだ。運転する際、利き腕にかかわらず拳銃は身体の左側に置いておく。売春婦は相手が警官かどうかを確かめるため、身体の右側に拳銃がないか触ってくるからだ。同様の理由でバッジや身分証明を首から吊すことも避ける。無線はスイッチを切って座席の下に忍ばせておく。売春婦の多くはおとり捜査を

> 女性警官がポリスウーマンと呼ばれていた頃（今はフィーメール・コップと言う）、拳銃用ハンドバッグが支給されていた。それはオートバイの後ろに取り付けるサドルバッグのようなシロモノだった。今はもう少しマシになった。

警戒し、車に乗り込むや客の股間を掴んで反応をチェックする。したがって、この単純明快なテストに備えることが必要だ。本物の客なら喜ぶだろうし、警官なら、そうあることを願いたいが、嫌悪感で後ずさりする。後者なら、そこで正体がバレて終わりだ。風俗犯罪取締警官の中には対抗手段として、街娼が乗り込んでくる前から自分の手で股間をカバーしておく者がいる。売春婦はこれを欲情のサインととり、股間チェックも免れるから一石二鳥だ。

売春婦を車に呼び込んだらセックスの商談を済ませ、そのまま前もって打ち合わせておいた指揮所に向かう。同僚の風俗犯罪取締警官が手錠を持って待っている段取りだ。

取引がまとまらないこともあるし、おとり捜査に気づいた娼婦が走っている車から逃げ

出そうとすることもある。こういう場合は「車を停めて行かせてやる」のが行動規定だ。売春での逮捕は軽犯罪であり、走行中の車内で格闘したり、誤って引きずったりするだけの価値はない。問題は、逃げる娼婦を徒

歩で追跡するかどうかだが、考えてみるといい。付近にバックアップはおらず無線は座席の下。バッジはサンバイザーの近くに隠してあるうえ、拳銃は利き腕でない方にある。制服も着ていないから傍目にはただの人だ。しかも、そのあたりは警察を快く思わない地区だろう。車を発進させ、別の売春婦を探す方が無難だ。

252

行動規定を知りながら守らないこともままある。例を挙げるなら、車から逃げようとする売春婦を逮捕することにした場合だ。場所が人口密集地に近く、相手が頭のいい街娼なら「レイプされる!」と叫んで助けを求めるだろう。ここは彼女の縄張りで、警官のシマではない。したがって本拠地の利点は彼女にある。男たちが競ってやって来て、彼女を引っ張り出そうと片方の腕を引っ張る。娼婦をめぐる警官と男たちの綱引きだ。自分のために男たちが戦うのは、彼女の人生で初めての体験だろう。いずれにせよ、このままでは街の不良らに袋だたきにされてしまう。そうなりたくなかったら、遅かれ早かれ彼女の手を離し、警察バッジと身分証明を取り出さなければならない。これで、おとり捜査の獲物はヨタヨタと車外に逃れ出て裏道に姿を消す。一人前の警官が、ボーリングの球みたいな腹をした、前歯にすき間のある売春婦にしてやられたわけだ。やはり行動規定はしかるべき理由があって存在するのかもしれない。

253

おとり捜査の風俗犯罪取締警官が売春婦を

引っかけるのに、変装や小道具はあまり必要ない。古着があれば事足りる。飲みかけの缶ビールがカップホルダーにあればより客らしく見えるが、その程度だ。ギャングっぽく帽子を逆にかぶったり、マッスルカーのカマロに乗ったりする必要もない。単にセックス目当ての客に見えればいいのだ。つじつま合わせもやり過ぎないこと。休暇中の水兵だとか、刑務所にいる兄弟に会いに来たとかいう作り話も無用だ。なぜか？　風俗犯罪担当刑事の言葉が言い当てている。「売春婦にとって客が誰だろうと知ったことではないし、客も売春婦の素性などには無関心だ。わかるだろ？　要するにフェラチオ目当てなんだからら、作り話など不必要だってことさ」

254

おとり捜査官でないことを証明するために下半身を露出して見せろ。売春婦にそう言われたらどうするか。厳密に言えば、その行為は違法ではない。しかしたいていの場合、警察の内規はこれを禁じている。したがってズボンは脱がない方がいいだろう。ちなみにこれは、おおかたの人付き合いでやっかい事を避けるうえでもよいアドバイスだ。

255

女性警官によるおとり売春取り締まりには驚かされる。売春婦に扮した彼女たちが路上を流すだけで、何人もの客が引っかかり逮捕されるのだ。確かに、この任務につく女性警官たちは若く魅力があり健康的だ。

本物の街娼はと言うと、路上を徘徊する生活にやつれ、あばた面や皮膚がただれた者もいる。それを覆い隠す厚化粧は見るに堪えない。体臭もひどく、顔が引きつっていたり頭にシラミが湧いていたりもする。

これほど明白な違いにもかかわらず、客らはおとり捜査の女性警官を本物だと信じてしまう。輝く健康な歯並びをした、朝の運動に軽く一〇キロ走る売春婦に街で出会うことなど現実にはあり得ない。客連中は、そんな大当たりを信じているのか？

256

客に電光石火の早業で手錠をかけると、「なにも悪いことはしていない」みたいなことを口走って、それでもほとんどは大人しく連行されていく。客層はさまざまだが、労働者が大半だ。なかには英語をまったく話せず、両手の指でセックスを暗示するジェスチャーをして街娼の気を引く日雇い労働者もいる。企業の社員を逮捕することもある。彼らの場合、娼婦を買うタブーや、それを見咎められ人生を台無しにするかもしれないというスリルが、強烈に性欲を昂ぶらせた結果だろう。拘束してみたら、間接的な知人だったということも珍しくない。自分が常連のカフェのオーナーとか高校の同窓生などだ。「自分は売春婦を更生させる団体の者で、これは何かの誤解だ」と言い張る者も遅かれ早かれ一人は出てくるだろう。たまにではあるが、警官がおとり捜査に引っかかることもある。見逃してくれと懇願する同僚に、してやれることはあまりない。あまりにもお粗末な判断の結果、彼はすでに警官の職を失い、家族を路頭に迷わせる危険を犯してしまったのだ。私の父が好んで言っていたように、事実とは頑固なもので、いったん起きてしまったら変えられない。

257

売春婦はすぐ見分けがつく。日曜日の朝七時半、女が路上で大型の缶ビールをストローで飲んでいたら、たぶんそうだ。街娼はミニスカートの代わりにジーンズを履いていることもあるが、服装もある程度は手がかりになる。だが、もっとも特徴的なのは歩き方だ。無気力で締まりのない、彷徨《さまよ》うような歩調。そして、行き交う車に頻繁に投げかける視線だ。近くで見れば、疲れ切った表情とボンヤリした目、そして脂で汚れたような髪の毛でそれとわかる。

警官に売春婦の見分けがつくように、彼女らの中にもおとり捜査官を見分けられる者がいる。

「このワゴン車なら知ってる。クソ忌々しいポリ公よ。正体はバレてんだからね」。ある娼婦に目を付けスピードを落とした途端、彼女が私に向かって言った。風俗犯罪取締課は、おとり捜査に同じ車を長く使い過ぎていたようだ。

258

時折、逮捕した売春婦が家族のことを話し始める。上流階級が行く大学で子どもが勉強していると打ち明ける者もいる。そんな話を聞くと、それが真実なのか、それとも正気を保つために編み出したファンタジーなのか俄然知りたくなる。何度も逮捕されたことがあるからだろうが、多くは拘留手続きを言葉少なに受け入れる。しかしなかには、逮捕されたらどうなるかを察して反抗する娼婦もいる。地面に組み伏せなくてはならないが、彼女たちは身をよじり、警官を蹴り、つばを吐く。まるで釣り針から逃れようとあがく魚のように。

259

ごくたまに、売春婦が客について語ることがある。車の後部座席にチャイルドシートを載せた客。セックスどころか触ろうともせず、悪臭を放つ彼女の靴下を嗅いでオーガズムに達する客。スパンキー（訳者注：尻叩きの意）というあだ名の男。そして、彼女自身の排泄物を目の前で食べて見せる行為に、ただそれだけのために、金を払う客たちのことを話し始める。しかしこれは序の口。邪悪な性癖描写の出発点に過ぎない。

警官はもともと好奇心が旺盛だ。しかも仕事柄たいていの反社会的行為には慣れっこになっている。突き詰めれば、こういう現実を理解することがより優れた警官になる道でもある。しかし……このあたりから、先はもう知りたくも記憶にもとどめたくもないと感じ始める。心から抹消してしまいたい禁断の知識とでも言うべきものだ。

260

おとり捜査で街娼を車に招き入れたら、警官だと見抜かれないよう何か体《てい》のよいことでも言ってリラックスさせる必要がある。

「大柄の娘が好きでね」。小太りの売春婦にそう言ったことがある。二五ドルでフェラチオ。この条件で折り合った直後だ。左ももに手を押し当てると歯を見せて笑った。誰にでも見せる商売用の笑顔。それが薄暗い照明の下できらめく。職務上のロールプレイとはいいながら、自分がくだらない不潔な人間に思えた。この瞬間、テレビの司会者や脚本家として知られるコナン・オブライエンが言った「魂が身体から抜け出した」というセリフの意味がわかった。

この売春婦は無事、おとり捜査の指揮所まで連行することができた。報告書には「当事者は口腔性交による性的満足と金銭を引き替えにする提案を、おとり捜査官に申し出た」と記述。彼女は最終的にこの罪状を認め、労働付き禁固六〇日間と釈放前の薬物治療という判決を言い渡された。例の二五ドルの取引内容を、証言台に立って具体的に述べる必要がなかったのは幸いだった

「それからどうしたのだね、オフィサー?」

「裁判官殿、その時、魂が身体を抜け出してしまいました」

風俗犯罪取締課での短期任務が終わってから、そこの警部補が私に言った。「キミは街娼を引っかけることにかけては、最もダメなおとり捜査官の一人だな」。意地悪な口調ではなかった。しばし考えたあと、こう納得した。それでけっこう。娼婦漁りの達人など昔も今も願い下げだ。

第14章　家庭内暴力

男の両手（hands）は女を四六時中打った。
朝早くだろうと夜遅くだろうと
時を知らせる時計の針（hands）のように
ただひたすら打ち続ける。
アンソニー・リシオーネ（詩人・作家）

261

ＤＶ（家庭内暴力）の発生件数はクリスマス休暇中にピークを迎える。地方検事がシーズンズ・グリーティング（時候の挨拶）をもじってシーズンズ・ビーティング（時候の殴打）と呼ぶほどだ。

262

家族どうしを暴力に駆り立てる原因はなんでもありだ。家に塗るペンキをめぐる言い争い、整髪用ジェルの使い過ぎ、家族旅行で撮った写真が誰のものかという口論など、たいていは馬鹿げたものだ。イデオロギーに端を発する家庭内暴力、たとえば学校での標準テストや温室効果ガスに関する議論、というのはいまだにお目にかかったことはない

263

家庭不和で使われる武器は、無害な物からとっぴな物までさまざまだ。タオルやパンにフルーツといった害のない物。傘や枕は一見無害だが、前者は頸静脈を突き刺して被害者を死に至らしめることができ、後者はヒトを

窒息死させるために使える。熱したアイロンとかステーキナイフはきわめて危険だ。私が同僚と担当した事件では、女性がボーイフレンドの顔を切り刻んだが、凶器は冷凍チキンの脚という奇想天外なシロモノだった。

一般家庭の台所は多様な武器を取りそろえた場所だ。熱した油、ハサミ、重いフライパン、入れたてのコーヒー、スイッチを入れたハンドミキサーなどが凶器になる。したがって家庭内暴力の容疑者を逮捕する際、台所は避けるべきだ。さもないと食肉用温度計の尖った先を向けられる羽目になる

264

家庭内暴力では電話が重要な役割を演じる。恋人たちが殴り合いを始めるや、二人は電話に向かって突進する。先に通報した方が、これから始まる捜査で罪に問われないとでも言うかのようだ。もっとも、電話機が通報前に壊されてしまうこともままある。家庭内暴力の容疑者が電話を奪い、被害者の顔を殴ったりするからだ。通話封じは虐待者が用いる古典的テクニックで、相手を外界から遮断し、当事者だけの暴力の密室に閉じ込める。

> 専門家によると、家庭内暴力の通報の一〇件中一件は家から子どもがかけてくるという。虐待された児童の三人に一人は成人後、自らも虐待を行なうか、再び被害者になる。

265

かつて、警官は家庭内暴力を軽く扱いがちだった。夫には散歩でもして頭を冷やしてこいと諭し、妻には亭主が酔いを醒まして帰っ

てきたら家に入れてやってくれと頼んだものだ。しかし今日、ほとんどの州では、家庭内暴力の主犯は必ず逮捕される。そうしなかった場合、担当警官が懲戒処分を受け、そのうえ法的責任を問われることになる。

家庭での暴力沙汰では、主犯格の容疑者を特定するのがさほど難しくない場合もある。「女房が向かってきたんだ！」。夫はそう言って傷を見せるが、幼児でも泣かないようなかすり傷。一方、妻の顔はまるでバーベルでも落とされたような有り様。しかし、これほど単純明快には行かないケースもある。双方が酒を飲んでいる時など、互いに完膚なきまでに殴り合って血だらけだ。酒の上の口論が発端になったこのような流血沙汰では、いったいどちらにより刑事責任があるのか？　二人まとめて逮捕するのも手だが、地方検察局はこのやり方をあまり好まない。したがって手持ちの証拠と情報を頼りに、どちらかを連行することになる。真に公正な決着ではないにしろ、少なくとも大まかには正義を達成することができる。家庭内暴力では往々にして、荒削りの正義とでも言ったものが、望みうる最良の結果なのだ。

266

家庭内暴力の容疑者が警官到着前に現場から逃走した場合、しばらくすると家に電話をかけて、さぐりを入れてくる。被害者は警官に受話器を差し出すが、その場で言葉を交わしてみてもあまり意味はない。容疑者はたいてい泥酔しているうえ、自首を拒み犯行も否定する。「消えうせろ」と言ってくるか「捕まえられるなら捕まえてみろ」と愚弄してくるのがおちだ。容疑者が定職に就いていれば、翌日、職場にパトカーで出向き逮捕すれば済むことだ。米本土北端のダコタ地方まで逃げおおすつもりならともかく、容疑者にできることは限られている。病欠届けを出すにしても、暴行軽犯罪の時効は数年間。戻ってくるまで職場のポストをとっておいてくれる上司はいないだろう。

267

現場に到着すると、家庭内暴力の被害者が「ボーイフレンドは逃げてしまった」と言うことがある。それでも、屋根裏部屋をはじめ家中をくまなく捜索する。容疑者が逃走したというのは被害者の思い込みかもしれないし、それどころか真っ赤な嘘である場合も少なくない。なぜか？　ボーイフレンドの逮捕に被害者が二の足を踏むからだ。考えてみれば、警察への通報で被害者がおしまいにしたかったのは虐待行為であって恋愛関係ではない。警官の到着で一時的にでも身の安全が保障されたいま、被害者の女性が容疑者を必死になって擁護することはあり得る。

268

家庭内暴力では被害者に男女の区別はないとされる。しかし、素手の女性に暴力を振るわれていると通報してくる男性に対し、警官は疑いの目を向けがちだ。武器が使われず、平手打ちされたり小突かれたりといった程度の事件であっても被害者男性には丁寧に対応し、女性容疑者の拘束も視野に入れ、捜査はきっちり行なう。だがこの手の通報者は、もちろん本人の前では言えないが、意気地のない半人前の男であることがしばしばだ。

269

家庭内暴力事件を担当する検事たちは警官を通じ、被害者に自宅電話番号を変更しないようアドバイスすることがある。家族や友人との連絡には新しい携帯電話番号を使い、自宅のものは容疑者からの嫌がらせ電話を記録するためつないだままにしておく。迷惑電話の記録は検察側に有利な証拠となるだけではない。電話を通し、容疑者はまだかろうじて被害者とつながっていると感じ、それで満足するかもしれない。電話番号を変えてしまうと、夫やボーイフレンドは「おかけになった電話番号は現在使われておりません」という録音メッセージを聞き完全に絶縁されたことを悟る。こうなると、彼女の注目をひこうと一二番口径の散弾銃を手に自宅に押しかける可能性が出てくる。

270

家庭内暴力ではペットも被害に遭うことが多い。激昂した容疑者はパートナーに対する鬱憤をペットにぶつけるからだ。犬の首をシャワーのドアに繰り返し叩きつけたり、猫を刺したりするかと思えば、オウムは電子レンジにかけ、ハムスターは踏みつぶす等々したい放題。このため管轄区域によっては、裁判所が加害者に出す接近禁止命令にペットも含めることができる。

271

恋愛関係が上手くいかなくなると、理性は抑圧され感情が昂ぶる。したがって家庭内暴

力の容疑者は、警官が遭遇する犯罪者の中でも、最も危険で予測不能の行動に出る。容疑者が銃やナイフを手にドア口に現れる。その目には狂気が宿っている。いきなり警官に向かって走り出し、銃弾の雨にわが身をさらす。典型的な「警官の発砲による自殺」ケースだ。「容疑者を撃つか撃つ寸前までいった緊急事態にこれまで何件遭遇したか?」と警官に尋ねてみると、そのほとんどは家庭内暴力がらみだろう。

272

家庭内暴力という犯罪は、警官にとってとくにストレスが溜まりやすい。DV通報を受けて容疑者を逮捕する。たいていの場合、地方検事は起訴に踏み切る。ところが職務で法廷に行ってみると、被害者が姿を現さないケースがほとんどなのだ。パートナーとすでによりを戻したか、出廷が面倒くさいというのが理由。被害者は目撃者証言のため裁判所から召喚令状を受け取っており、そこにはいかめしい言葉で「この呼び出し命令に従わない場合は刑事訴追される恐れがある」との警告文があるにもかかわらず……。

もっともこれはごまかしで、召喚状を無視したカドで家庭内暴力の被害者を起訴する裁判所はきわめてまれだ。昨今は、召喚状の「出廷せよ」は「何かのついでに裁判所に立ち寄ってもらえれば助かります」程度の意味なのだ。最悪のカップルが性懲りもなく一つ屋根の下で暮らす決心をしたおかげで、警察と裁判所の人的資源がまたもや浪費される。しかも……仲違いの原因が再び顔を出すのは時間の問題。こうして同じ場所にお馴染みの家庭内暴力で再出動、という羽目になる。

家庭内暴力は社会の害悪が幾重にも重なって起こる。女性が虐待を甘んじて受ける精神状態に陥る「被虐待妻症候群」について聞いたことがあるだろう。これは子どもを巻き込むことが多く、虐待を続ける夫から逃げ出すことがますます難しくなる。そうとわかってはいても、家庭内暴力で六回も警察に通報しながら、裁判では一転して非協力的だった被害者宅に駆けつける際は怒りを禁じ得ない。

「今度は告訴するね?」

すると被害者は切実な様子で頷き、今回だけはいつもと違う。もちろん訴えてやる、と答える。容疑者を逮捕し現場を去る際にふと思う。また、いつもと同じ結果になるのではないか、と。

第15章 同僚警官

警部「なあ、デュガン。退職前に少しは役に立つことしたくないのか?」

デュガン巡査「いや、別に」

映画『クロッシング』ニューヨーク市警エディ・デュガン巡査(リチャード・ギア)

273

現場訓練で最初に指導してくれた先輩警官のことは一生忘れない。実習中、訓練生は年季の入った警官の英知を吸収しようと、彼のあとを猟犬のようについてまわる。そうしていると、制服姿がまだ板に付いていない新米警官もいくらかは本物らしく感じられてくる。

先輩に別れを告げて長い時間が経過しても、彼から習い覚えた警察業務の裏技や捜査方法、身振り手振り、それに言い回しなどを使っている自分に気づくものだ。現場訓練から一三年経った今でも、私は先輩のギルバート・グウェンから学んだセリフや戦術を用いている。警官になって最初の六週間、彼のお陰で生き延びることができた。私にとっては神様のような存在だ。

274

上司のタイプはさまざまだ。仕事ぶりを評価しそれを知らせてくれる者や、勤務に就くだけで感謝してくれる者も少数いる。そうかと思えば、周囲の人間を目の敵にしているような者、あるいは同僚警官や職場環境にまったく関心を示さず漫然と勤務シフトを過ごす上司もいる。

同僚と指名手配犯を逮捕した時のことだが、容疑者は見逃してくれと袖の下を渡そうとしてきた。「警官への贈賄は重犯罪だぞ。起訴されたくなかったら死体の在処《ありか》でも教えろ」。そう言ってやると、なんと本当に自白した。この情報をもとに尋問した殺人課の刑事によると、長いあいだ動きのなかった殺人事件で逮捕の糸口になるかもしれないとのことだった。

殺人事件の解決につながる手助け。これこそ、一警官にできる最も重要な貢献だ。この前向きな成果は、もちろん上司の警部補に報告した。「ああそう、ご苦労さん」。彼はボンヤリ宙を見つめながら気の抜けた声で答えた。まるで私が好物のピザ・トッピングのリストでも提出したかのような反応だ。時を同じくして、ある巡査部長が私のパトカーに小さな傷がついていると損傷報告書に書きたてた。重罪犯のものと思われる車を止めようとした際、氷でブレーキがロックし金属ポストにぶつかったのだ。

警官のやる気や勤務意欲を打ち砕きたかったら、職務貢献を無視し、些細かつ不運な出来事を理由にあげつらうのが最も手っ取り早い。こうしたことが続くと、その場で辞職して制服をシュレッダーにかけ、転職を考えてしまう。新しい仕事は何かって? プラスチック樹脂製造業はどうだろう? 将来性のある分野だそうだ。

275

時には、まったく訓練を受けていないことを命じる巡査部長に出くわす。ベトナム戦争復員兵が精神錯乱を起こした挙げ句、拳銃を口にくわえて自殺したとの通報で出動。現場となった住宅に行ってみると、反警察のスローガンが家中にばらまかれていた。自分が巻き込まれたありとあらゆる厄介ごとは警察のせいだとする遺書も見つかった。この復員兵は遺体を見つけるのが警官であることを予見していたはずだ。軍隊で武器や爆発物、そのほかのやっかいな仕掛けにも精通していたに違いない。巡査部長と私はそう読んだ。

「よし、仕掛け爆弾がないか確かめてくれ」。巡査部長が振り向きざまに言う。

私はあやふやに頷くしかない。当時、仕掛け爆弾に出くわす事件などあまりなかったからだ。しかし言われたとおり、不審物がないか家中を探した。捜索にあたり映画『レイダーズ―失われたアーク』にヒントを得た。たとえば「光の中に足を踏み入れるな」とか「相応しい者だけが通ることができる」といった場面のカラクリだ。このようにいささか怪しげなモノも含め、ありとあらゆる知識を総動員して行なうのが警察業務。警官はヘマをしながらも進んでいくしかない。未経験の仕事も「そのほかの任務」という職務規定でやらなければならないことになっている。自分のほかに頼れる者は誰もいない。

276

監察課は警官キャリアの第一歩、つまりポリス・アカデミー時代から威圧的存在感を示す。身分証明書をロッカーに忘れてきたという類いの些細な規則違反ですら、監察課の巡査部長から厳しい叱責文書を受ける。震え上がらせて従わせるのが彼らの手法なのだ。身分証を忘れたことが重大犯罪なら、本物の法律違反を犯せばどうなるか？　重大な結果を招くことになる。彼らはそうほのめかす。

文句なく品行方正な警官でも時には手続きを省くことがある。必ずしも手を抜いて楽をしたいからではない。そういう場合も皆無とは言わないが、四六時中あらゆる内規や手順を厳守していると、無意味な仕事や煩雑な事務処理が組織の働きを危うくする。警官が手順を省くのには理由があるのだ。そこで善意の近道を使うわけだが、同時に、監察課が見破るだろうかと心配になる。よかれと思ってやったことだといかに抗弁しても、連中にとって規則違反は規則違反。警察業務手順を無視したとなると停職処分もありうる。そうなれば、監察課が個人の昇進を危うくするのだ。むろん彼らは敵ではない。警察組織にとってなくてはならない部署であり、メンバーは困難かつ不可欠な仕事を担っている。だが、警官の仕事には規則書を文字通り解釈していては上手くいかないこともある。そんな時、頭の上に垂れ込める不吉な影が監察課だ。

277

昔気質の警官とは、囚人護送車のことをいまだに「ブラック・マリア」（訳者注：ボストンで寄宿舎を営んでいた黒人女性にちなむ命名。泥酔したり乱暴したりした宿客を警察に連行する手助けをしたことから）などと古めかしい俗語で呼ぶ者のことだ。彼らはスマホを操る新米警官を目にすると「最近、うちの署は女々しいヤツばかり雇うな」と不平を漏らす。古株連中の色褪せた刺青は、タトゥーが兵隊と水兵の専売特許だった時代の名残りだ。

「一二一番通りから北は無法地帯。二八番通りから北には神も存在しない」。古参警官が犯罪の多発地区について語る時に言う言葉だ。まるでハードボイルド小説のセリフだが、連中が口にするとけっこう様になる。

古株警官とコンビを組む機会があると、お互い気心が知れた頃を見計らって、彼が数十年間パトロールしてきた地区を案内してくれるだろう。さまざまな場所にまつわる陰惨な話を満載したトラベルガイドとでもいうべきものだ。

ヤツが撃たれたのはこの裏通り。パトカーで追跡中だった同僚が、この建物に衝突して殉職した。車が炎上して真っ黒焦げになる前に、大動脈破裂で死んでいたそうだ。ここで父親が殺害された。二人の子どもの目の前だった。あの家で男がバスタブで死んでいるって通報でパートナーと急行した。長いこと水に浸かっていた遺体を、こうやって二人で動かそうとした途端、風船みたいに破裂しやがった。ああっ、あそこのかどだ、撃たれて死にかけていた被害者を両手で支えてやったの

警察における世代間のズレはきわめて鮮明だ。パトカーの中で古参の警官がハンバーガーを頬ばる隣で、新米が健康食品のセサミ・バーを取り出す、といった具合。以下、ベテラン警官と二〇代の新人警官の会話を再現する。実際に交わされたものだと自信を持って言うことができる。

ベテラン「ハンティング、好きか?」
新人「いいえ、やったことありません」
ベテラン「釣りはどうだ?」
新人「あのー、好きじゃないです」
ベテラン「ビール飲むか?」
新人「それが……酒は飲みません」
（長い沈黙）
ベテラン「そうか。俺たち、あまり話が合いそうもないな」
（そう言ってパトカーのギアを入れる）

は。殺人犯の裁判で犠牲者の母親に会った時、「息子さんの最期はしっかり看取りました」と伝えた。お袋さん、ありがとうと言って泣いてたな。

こんなツアーのあとは、先輩警官の体験の重みがしみじみ感じられるようになる。自分が始めたばかりの警官という職業に、彼が百年も前から就いていると思えるほどだ。

278

昨今、警官の教育レベルはますます高くなっている。組織によっては、警官採用後に大学で単位をとらせるところもある。しかし、学士号を持つ警官はまだ珍しい。四年制大学出身者が高学歴のために肩身の狭い思いをする謂《いわ》れはない。だが、同僚から仲間だと認めてもらうには、大卒タイプが力量を発揮し有能であることを証明する必要がある。「本ばかり読んでいる意気地なし」ではないところを見せてやるわけだ。「あの酔った娼婦が飛びかかってきたら学士様がどう出るか、お手並み拝見と行こう」的な考え方が警察の職場にはまだあるからだ。

いったん腕の立つ警官であることを示せば、同僚たちは報告書を書くとき英文法を教えてもらいにやって来るようになる。

279

顔に唾を吐きかけられれば、誰でも反射的に相手に飛びかかり、真っ青になるまで首を絞めてやりたくなる。もちろん、警官にそんなことは許されないし、有能な同僚なら引き止めてくれるはずだ。だが、その場に自分しかいなかったら、どうにかして衝動を抑制するしかない。怒りをコントロールする術を見つけ、掘り起こす。心の奥深くにきっとあるはずだ。

280

危機的状況に直面すれば、誰でも恐怖を抱く。恐れを感じるのは仕方がないことだが、警官は怯えた様子を見せてはいけない。事件後、プライベートな時間に誰もいないところで好きなだけ見せればよい。いかなる惨劇が起きようとも、路上で恐怖心を顔に出せば、同僚警官はそれに気づいて、決して忘れてくれない。

281

新米警官を取り巻く署内の雰囲気は、冷淡とは言わないまでも歓迎ムードとはほど遠い。廊下ですれ違ってもベテランは目もくれない。新人はまるで透明人間か、存在すらしないかのようだ。この対応は、実は理にかなっている。新米警官とは、ベテランを死に追いやりかねないお荷物。麻薬密売所の家宅捜索中、先輩警官らを懐中電灯で背後から照らし出し、中に潜む武装容疑者の格好の標的にするかと思えば、重犯罪で指名手配中の犯罪者が偽名を使うことも知らず、言われた名前や生年月日をそのまま信じる、頼りにならない端役《はやく》なのだ。だから、警官歴四週間の新米の名前を二〇年勤続のベテランは覚えようともしない。

そんな新米もやがては年数を積みベテランの仲間入りをする。そして、入りたての警官を同じように扱う。戦場に立ったことのない戦士を顧みる者はいない、ということだ。

282

新米警官とベテランとでは、パトロールしていても目に入るものが違う。新人が何も気づかず通り過ぎるところを、現場経験のある警官はドラッグをさばいている売人や裏道でたむろする売春婦、それに、ひび割れたフロントガラスの車内で三人の非行少年がマリファナを吸っているのを目ざとく見つける。同じパトカーに乗っていながら、まったく異なる地域を巡回しているかのようだ。ベテランが一瞥で全体を見てとるのに対し、新人は細切れにしか把握できない。通りで何が起きているのかを見抜く能力こそ警官がなにより必要とするものだ。当分はベテランの隣でできるだけ吸収し、間抜けなことを言わないように心がけることだ。

283

かつて警察学校での教育は五週間に過ぎず、新米警官は卒業と同時にバッジと警棒を与えられ、「犯罪者どもをやっつけろ」と言って送り出された。その当時から見ると、警察は大きな発展を遂げた。現在では一年に数回の実地研修が義務づけられ、さまざまな訓練を通じて警官の練度を最高の状態に保っている。

このような研修では、同僚間や一般市民の間に存在する社会的、文化的相違や性差を理解するための授業も行なわれる。なかにはかなり役立つ情報も含まれており、たとえばインドネシア人が英語を話す場合、「彼」と「彼女」という代名詞を取り違えることなどがある。つまり、インドネシア人被害者が

「容疑者は私を殴って、それから彼女は逃走しました」と証言しても、実際に襲ったのは男性かもしれないということだ。しかし古参は言うに及ばず、多くの警官はこの手のセミナーを受け入れようとしない。

「文化の違いや性差など、たわごとだ。誰であろうと尊敬の念を持って接する。それで十分じゃないか」。実地研修でよく聞かれる意見だ。

この手の反応は仕方ない。警官は他人への親しみを過度に表わすタイプではないことや、万人を公平に扱うべきだから、という理由だけではない。警察学校に始まり実地勤務を通し、一介の警官は特別な存在ではないという事実を繰り返し叩き込まれてくるからだ。警官は巨大組織の中で小さな役割を果たす一つの歯車に過ぎない。病気やケガで任務に就けなくなっても、同じ制服を身につけた同僚が何事もなかったかのように職務を続行する。つまり、一警官に過ぎない自分は特別な存在でも保護された階級でもない。にもかかわらず、なぜ市民に対しては、性差や文化の違いを含めた配慮をしなければならないのか、と感じるわけだ。

284

警官はかなり愚痴っぽく、いつも何かに不平をこぼしている。コーヒーが熱すぎる、いや、ぬるすぎる。非番だというのに法廷に召喚された。ステーキ・バーガーにマッシュルームが入っていない。同じことは前にもあったから誰かの陰謀かもしれない。上司連中の関心事は交通違反切符を何枚切ったかで、重罪犯を何人逮捕したかには目もくれない。街の不良が悪態をつきやがった。早番も遅番も夜間勤務の連中も大した仕事はしていない。警官の世界広しといえども、まともな仕事をしているのは自分だけ。徒歩パトロールのせいで足の親指が炎症を起こした。一般市民は警官を嫌っているが、それはお互い様というものだ。注文したピザ・サンドイッチにボリュームが足りない……等々。だから法執行の世界にはこんな諺がある。

「警官が文句を言わなくなったら要注意」

不平屋の警官に聞かせたい、いまひとつの言葉は映画『プラトーン』からの引用。以前の上司、ウェイン・ジャンセン警部補のお気に入りでこういうものだ。「ガマンしろ」

285

通信指令室からの突飛な任務をでっち上げては同僚と競い合うのも、時には楽しい暇つぶしだ。

「パトカー18号、六八番通りとオクラホマ通り交差点付近に脱走した巨大生物がいるとの情報。発見・捕獲せよ。通報者によるとミュータント・ダチョウの一群が車と通行人を踏みつぶしながら移動中。死者と破壊された車が付近に散乱している。今月は交尾期にあた

「隣の警察署には何から何まで揃っている」。警官が好んで口にする不満のひとつだ。「お隣さんの管轄区域で銃撃事件があれば、ドローンを飛ばして空中から状況を偵察するのに、うちの署ときたら、ポラロイド・カメラで現場写真を撮る始末。おまけに、コンピュータはまだウィンドウズ95を使っている」。ある警官はそうぶちまける。

りダチョウは発情しているものと思われる。貴官らのミュータント・ダチョウ封じ込め作戦が完了するまで、動物管理班は出動しないと理解されたし」

巨大生物襲撃のほかにも、古くからのシナリオにはこんなものがある。数台の車が横転事故を起こしてガス管を切断、泥酔したドライバー数人が乱闘する一方、生きながら炎に包まれている者もいるとか、核弾頭装備の弾道ミサイルが女性通報者の自宅めがけて接近中で数分後に着弾するので、パトカーの出動を要請している、などだ。

警官たちがこういう冗談を好むのは、実は犯罪や事故現場の状況が際限なく悪化するという不安の裏返しで、奇想天外なシナリオはそういった不安を克服するための手段だ。警察で勤務する心理学者ならそう分析するかもしれない。が、一般の巡査にとっては、単に楽しい暇つぶしだ。

286

巡査部長たちはどんな場合も平然とした態度を装う。場慣れした様子には往々にして自負が漂う。彼らが仕事ぶりを確認しにやって来ても、死人や瀕死者が出ていないかぎり間もなくどこかへ行ってしまう。たぶん厭世観が染みついているのだろう。長い現場体験で、見るべきものはすべて見ている。暴力沙汰や混乱状況は巡査部長たちにとって日常茶飯事。二人が殺害されたグラント通りの事件を担当してるって？　巡査部長らは三四番通りで五人が殺された事件を手がけた。まだまだ足下にも及ばない。

287

男性警官が職務中に浮気をした場合、密通の相手は「巡回区域のワイフ」と呼ばれる。パトロール受け持ち地区で、警官たちが可愛い女性に色目を使った史実が語源だと思われる。「巡回区域のハズバンド」もおそらくいるのだろうが、前者ほど一般的ではない。非番警官の浮気は個人の家庭問題。しかし勤務中となれば、刑事責任を問われる公務上の不正行為だ。昨今、女の尻を追いまわす制服警官は昔ほど多くはないようだ。それでも時折、古株が八〇年代の武勇談を自慢げに語る。パトカー内でセックスに及んだという放蕩話には、必ず後部座席に閉じ込められるオチがつく。ごくまれにだが、裏路地や車内で警官どうしが公然とセックスするシナリオが登場する。

「二人は結婚していたのか?」

「結婚はしていたんだがね、夫婦じゃなかったんだ」

ここでも、お決まりの問いにオチのついた答えが返ってくる。

288

新米警官はひと目でわかる。ぴかぴかの靴を履いていたら新人。巡査部長にきちんと敬礼し、名札が逆さまになっていたら「駆け出し」だ。刑法や規則マニュアルではち切れんばかりのカバンを持ち、交通違反切符バインダーを重そうに運び、勤務態度がひたむきに過ぎるようだったら新米中の新米だ。二一歳といえばまだ両親と暮らし、初めて本物のガールフレンドを探す年頃。そんな若者が家庭争議の仲裁をするのだからとんでもない目に遭う。

289

退職までの日数を記録している警官がいる。ロッカーにマジックインキであと百日、あと九九日とカウントダウンしていくのだ。監察課が官給品損傷容疑で調べを始める頃には、とっくにいなくなっていると踏んでいるにちがいない。なかには文字通り「秒読み」する者もいる。古い相棒のラモンが最近計算したところ、退職まであと三億四五〇〇万秒だそうだ。

290

常に無線をモニターする。これも警官の仕事だ。無線は自分と通信指令室、そして外界を結ぶ命綱。通話は簡潔で的を射たものでなければならない。いつなんどき、発砲事件容疑者の人相報告や応援要請が飛び込んでくるかわからないからだ。

現場で捜査中だったり市民と会話していたりすると、すべての無線連絡に注意を払うのはかなり難しい。しかし場慣れしてくるにしたがい、無線と周囲の状況に対し別々に注意を払うことができるようになる。

無線通話時のエチケットを守ることが苦手な警官もいる。同僚が「武装重罪犯を徒歩で追跡中」と無線報告している最中、取るに足らない状況をだらだら喋るのがいる。以下、警察無線の周波数帯を使うに値しない通話の一例。

「えーっ、こちら3リンカーン24（警官のコールサイン）。一九番通りとチェインバース通りで迷い犬を発見。コリーみたいだ。いや、いま確かめる。アイリッシュ・セッターだ。（長い中断）鑑札は付けていない。飼い主があたりにいるかどうか確かめてみる。迷い犬の通報があったら知らせてくれ。人手は十分足りている。また連絡する」

長ったらしい通話中、同僚警官らは無線を切れと叫びまくっている。できるものなら電波を通じて首根っこを押さえつけたいほどだ。

無線でことさらわざとらしいセリフを口にする者もいる。ひとくだり皮肉を発信し、無神経なコメントを言わずにおれないタイプだ。通信指令室要員が容疑者の人相を「黒人とサモア人の混血」と報告する。間髪を入れず「そいつはまたとない取り合わせだ」などとおちょくる。警察無線機は容易にしかも合法で入手できるから、通話を傍受している市民らはこう結論することになる。警官とは口元にしまりのないバカばかりだ。

無線通話は簡潔かつプロ精神に徹したものにすべきだが、たまの技巧的な言い回しなら許されることもある。同僚のラルフがよくこう言っていた。「付近で盗難車発見を試みるも、捜査は徒労に帰した」

291

新米というのは何をするかわからない。拳銃の出番でない時に抜く者もいれば、その逆のケースもある。外見も性格も千差万別。話しぶりが穏やかで、殴り合いになったらどうするのかと心配になるほど度を越して礼儀正しい者から、ほんの駆け出しのくせに百戦錬磨を気取り、タランティーノ監督の犯罪映画

『レザボア・ドッグス』の主役よろしく「このクソったれ」を相手かまわず連発する者まである。

新人にまつわるエピソードは署内で嬉々として語られる。たとえばこんな話だ。新米警官が車を停止させた。乗っていた者たちは徒歩で逃走。パートナーのベテラン警官が追跡を始めると、後ろから停車させたはずの車が疾走してくるではないか。よく見れば新人がハンドルを握り、逃げる容疑者らを追いかけている。警官が公務執行で車を拝借するのはハリウッド映画の作り話。この新人はそれを知らなかったのだ。そうかと思えばこんな話もある。武装した容疑者がたてこもった家に徒歩で近づいていると、新入りが私物の携帯電話を取り出し、誰かと週末の計画を話し始めた。

新人の中には映画の都ハリウッドの駐車係並みに活気と情熱に溢れた者もいる。警察学校を出たての彼らは、大真面目でこう聞いてくる。「我々は警官として何をなすべきでしょうか?」。まるで秘密結社に入会したての新会員のセリフだ。

だが同時に、新人警官のエピソードには笑い話ですまされないものもある。同僚が命がけで戦っている時、震え上がった新米が突っ立って見ていたと耳にすることは珍しくない。こういう警官は救いようがない。彼らに欠けている資質は、培ったり教えたりできるものではないからだ。同僚警官にケガをさせる前に、臆病を理由に解雇されることを望むしかない。危険にひるむような者とコンビを組むより、ケンカをふっかけるくらいの警官と仕事をしたいと思うものだ。

292

特殊火器と戦術を駆使するのがSWATだ。彼らは独特の専門用語や、一般人を刺激しないような表現を使う。たとえば「弾丸の雨を降らせる」の代わりに「射界を設定する」と言い、「ガスをお見舞いしろ」ではなく「ケミカルを使用する」と表現する。また、SWATは容疑者を「殺害」するのではなく「犯人らの拙《つたな》い行動判断に対処」する。だが全体的に見た場合、やはりSWAT特有の言葉遣いにはいささかアホらしいところもある。

もっとも彼らの活動は見ていて楽しい。屋根裏部屋では長い柄のついた鏡を使って容疑者の有無を確認する。壁は大型ハンマーで打ち砕き、狭いところに犯人が隠れていないか確かめる。突入前に目標住宅のガスと水道を止めるのは、火災防止と容疑者がドラッグをトイレに流すのを防ぐためだ。

SWATの動きは鍛え抜かれており無駄がない。彼らの使う銃器には大容量の弾倉と白色光ライト、それにレーザー照準器が装備されている。敵にはまわしたくない存在だ。だが、チームが服装を整え装備をチェックし、突入計画を決めるまでには途方もなく時間がかかる。ダンスパーティを前にめかし込むガールフレンドを待っているようなものだ。

293

状況が一人の手には負えなくなり応援を要請する。すると同僚らは、その場で何もかも放り出して駆けつけてくれる。映画『目撃者』の結末で電話が鳴る場面のようだ。応援はあらゆるところからやって来る。自分の地区はもとよりほかの管轄からも、私服警官、マウンテンバイクの警官、公共物管理課勤務で過去二〇年以上、容疑者に手錠をかけたことがない警官まで馳せ参じる。同僚を助け、容疑者と一戦交え、犯人を逮捕したい一心でやって来るのだ。その姿には勇気づけられる。全員息を切らしているのは、ずっと走ってきたからだ。それがまた嬉しい。

294

警官には中身のある誠実な人間が多い。しかし、非番の時は同僚以外の人間と過ごすのが望ましい。そうすることで性格が丸みを帯び、バランスのとれた見方を保つことができる。警官仲間と一緒だと、世の中、何もかもめちゃくちゃだと愚痴ることになりがちだ。

同性愛者、両性愛者、性転換者であることを告知した警官も数多くいる。進歩主義の世の中とはいえ、いまでも性的少数者とコンビを組むかと知人に聞かれることがある。答えは簡単明瞭。ゲイかストレートかを問わず、パートナー候補について知らなければならないことが二つある。
一つ、仕事ができる人間か?
二つ、戦うことを恐れないか?
答えが二つともイエスならそれで決まり。あとはパトカー勤務の際、ラジオ局の好みが合えば最高だ。ちなみに、性的少数者の警官たちもストレートのパートナーを同じ基準で判断する。

295

警官には元軍人や警官一家の出身者が少な

くない。しかし、それ以外は、共通の経歴とかタイプといったものはない。私の同僚には、元図書館員から棒術のチャンピオン、パレスチナ出身の博士号候補者までいる。サンフランシスコ市警に来てからは、上司も含め数人の性転換者オフィサーがいる。古い同僚のラモンは元客室乗務員。ベンチプレスで体重のほぼ三倍を持ち上げる強者で、歌手ケリー・クラークソンの大ファンでもある。

警官になった理由は人それぞれ。官公庁の仕事に就きたかったからという者もいれば、雇用が安定し年金がつく警官職に惹かれた者も、勧善懲悪のためにという者、そして警官かスポーツクラブのトレーナーになるかで前者を選んだ者もいる。もっともなかには、どう考えても警官に向いておらず、志望の動機が判然としないケースもある。昆虫学者か陶芸家が似合っているタイプだ。

296

「たれ込みをやめろ」。これは大都市のスラム街で生まれた犯罪者のスローガンで、警察とのいっさいの協力を拒むものだ。ドラッグ・ディーラーなどが密告者や目撃者を威嚇するビデオや「密告すれば報復される」と書かれたTシャツが出まわっている。これによって目撃証言しようという人々が減り、捜査の大きな妨げになっている。また、市民と警察との間に深い溝を穿《うが》った。

犯罪者が主導する「たれ込みをやめろ」運動を警官が嘆くのはたやすいが、実は警察側にも同じような傾向があり対処が望まれる。人々はこれを「沈黙の掟」と呼び、いまもなお全米に蔓延している。警官は同僚警官の不利になる証言をしないという暗黙の了解で、「警官が殺人を犯した場合を除き」という但し書きがつくこともある。警察コミュニティにおいて同僚の密告は魂を悪魔に売り渡すことにたとえられる。「何も言うな」という抗いがたい警官心理が働く。

この掟、一つには「警官と警官以外の一般人」のように世の中を対立構造で捉える警官の視点に由来する。警官は常々、社会によってあら探しされていると感じていることもある。この被害者意識が沈黙の掟をさらに強いものにする。休日勤務や夜勤も含め、警官はいつも互いの命を互いの手に委ねて職務を遂行している。当然そこには家族の絆に近い強い同胞愛が生まれ、これもまた掟の淵源となる。弾丸が飛び交う最悪の事態でも同僚はバックアップしてくれる。ここに熾烈とも言える忠誠心が芽生える。たとえ彼らが道を踏み外したにせよ、かばいたくなる理由だ。加えて戦闘状態では、味方がどのような過ちを犯しているかとはあまり考えない。ひたすら敵と戦うことに集中するからだ。

「沈黙の掟」との戦いは、各警察署ができるかぎりのことをしている。内規に反する行動に気がついた場合は、上司に文書で報告する。しかし、同僚が短気を起こし市民に悪態をついたくらいで上司のもとに駆けつける警官はめったにいない。同僚が容疑者の所持していた麻薬を見落とした場合でも、身体検査が不十分だったとして報告する気にはならないものだ。小学校でもそうだが、告げ口は誰しも厭がる。

もっともこれらは取るに足らない内規違反だ。状況がもっと重大なら、たとえば同僚が刑事犯罪を起こしたような場合、報告義務は罪に正比例して重くなる。証拠のでっち上げや賄賂の受け取り、独房の容疑者へのセクハラなどは迷うことなく上司に伝える。彼らは警官の制服を着る資格と権利を失ったからだ（ここでひと言つけ加えておきたい。ここに挙げた不祥事はきわめてまれな例だ。一〇年以上、二つの異なる警察組織でさまざまなタイプの警官と仕事をしてきたが、個人的にこういう状況を目撃したことは一度たりともない）。

通報するべきかどうか判断をためらう状況もある。ベテラン警官が仮出所者を殴ったとしよう。「ペニス」という仇名の不良が「お前のワイフを俺のモノでやってやる」と言われ激昂したのだ。同僚は街のために尽くしてきた熟練警官。それがかっとなり重大な過ちを起こしてしまった。一方の「ペニス」は刑務所職員に安定した仕事を提供する以外、社会貢献などしたことのない男。同僚とギャングを前にどう決断するか？

いかなる事情があっても、公然と同僚警官を敵にまわすのは怖い。撃たれるより恐ろしい場合もままある。不利な証言をせざるを得ない状況に立ち至ったら、その結果何らかの報復、車を壊されるとか応援要請が後回しにされるとか

を覚悟しなければならないだろう。過去の事例でそれとわかる。侮蔑を隠そうともしない仲間もいるし、表だっては正しいことをしたと認めながら裏で軽蔑する者もいる。いずれにせよ、証言した警官は村八分だ。

にもかかわらず、警官として相応しい行動をとらなければならない。そうしなければ、鏡に映る自分を見て嫌悪感に駆られる羽目になる。同僚の罪をもみ消すために偽証するのは勇気ではない。また、警官の嘘は破滅的な結果を伴う。警官による隠蔽工作ほど一般市民の信頼を損なうものはないからだ。

多くの警察組織では、虚偽の報告はそれだけで免職の理由になる。信用を失ったら最後、事実上、その警官のキャリアは終ったと考えてよい。地方検事局にとって、法廷での目撃証言に召喚できない警官など無価値だからだ。それだけではない。この警官が捜査を担当したほかの事件でも偽証が疑われ、すべてが控訴の対象になる。偽証した警官の判断と言葉は不可逆的に傷つけられ、悪評は行く先々についてまわる。地方検事や裁判官、被告側弁護人は頻繁に情報交換する。したがって彼らは誰が正直な警官で誰が嘘つきかを知っている。自分がどちらに属するかをこれらの人々に判断される番は、遅かれ早かれやって来る。

決断の時――。真実を述べ正義を貫く意志と、制服仲間を敵にまわす苦痛。そのどちらが勝るか?

このような状況に置かれた警官の多くは、相反する感情はぎりぎりの拮抗状態だと身をもって知ることになる。

実際、両者の差はほとんどない。

第16章　嘘つき

嘘は周到につかなければならない。
真実はどこへでも行かせてやればいい。
リック・ライリー（スポーツ記者）

297

ニセの毛皮襟巻きやフードの付いた防寒着を着た大人に会ったら、まともな市民である可能性は低い。警官がこの手の服装を「重罪犯の毛皮」と呼ぶ所以だ。

映画『スカーフェイス』でアル・パチーノ演じるドラッグ・ディーラーのようなファッションをしている者や『スカーフェイス』Tシャツを着ている連中も、おそらくすでに犯罪者か犯罪志願者だろう。この二つの経験則が外れたことはこれまでほとんどない。

298

凶悪犯のような風貌で、チンピラ風の言葉遣いをし、粗暴な振る舞いの男がいたとしよう。警官は反証がないかぎり、その人物を犯罪者と見なし、逮捕のためにあらゆる理由を探し出す。交通違反で停車させる場合と同じように、逮捕につながる可能性が高い者を選ぶわけだ。この賭けはたいてい元がとれる。「重罪犯の毛皮」をまとい、ずり落ちたズボン姿で街をさまよい、周囲に睨みをきかす連中は、間違いなくドラッグや武器を隠し持ち、逮捕状が出ている手合いだ。これは何度となく証明されている。人は性別や人種を選ぶことはできないが、外見や服装、振る舞いは自分で決められる。したがって後者を見れば、彼らが何をたくらんでいるか明確にわかる。

犯意の兆候――。警官が常に関心を払わなければならないのがこれだ。これから犯罪を起こしますよと言いふらす者などいない。「正当な所有者から永久に剥奪する意図を持って、これから自動車窃盗を行なう」。犯罪者がこう声高に宣言するようにならないかぎり、犯人のプロファイリングは続けなければならないのだ。

メガネをかけ「エール大学ラケットボール」のロゴ入りトレーナーを着ている者より、首に刺青を入れ、チンピラ風のパーカーを着た連中に注意を向けるのは当然のことだ。

時折、ギャング・メンバーの中には態度や服装で犯罪者と決めつけるのは違法だと反論してくる者がいる。こういう時は、次の二例を示せばこと足りる。

縮れた赤毛に丸い鼻をつけ、顔を白塗りにした男が花の形をした水鉄砲で子供たちに水を吹きかけている。こいつは何者だ？　道化師だって？　なぜわかる？　外見で判断するなと自分で言ったばかりだろう？　こういう格好をするのが好きなだけかもしれないぞ。

頭を剃り上げ軍靴を履き、南部連合旗をあしらったTシャツを着ている男がいるとしよう。こいつが圧倒的に黒人の多い地区を徘徊している。指の関節を鳴らしながら裏道をうろついていたらどうか？ 警察がマークすべき人物ではないか？ 服装からこの男の素性と意図に関して何かわかるのではないか？

もちろん、服装と態度から人格および犯意が必ずわかると断定するのは短絡だろう。私は非番の時にフード付きトレーナーを好んで着るが犯罪者ではない。ついでに言えば、ひいきにしている野球選手プリンス・フィールダーの首には目立つ刺青があるが、もちろん犯罪とは無縁だ。

その逆もある。警察のステレオタイプを目ざとく察知した犯罪者の中には、こざっぱりした、ほとんど控え目といってよい服装を選び、職務質問にも腰の低い対応をする者もいる。

さらに警官が相手の外見を誤って解釈することもある。ある時、色とりどりの拳銃をプリントしたトレーナーを着た若者に出くわした。「なんてこった、また犯罪者の予備軍か」。そう思って服装について訊ねた。彼は物静かに「ぼく、アンディ・ウォーホルの作品が好きなんです」と答えた。

犯罪者プロファイルに合致しない悪党もいれば、合致しても悪事とは無縁の人もいる。しかし警官は職業柄、迅速に人間の品定めをして、その場で何が起きているのかを理解する必要がある。頭の中で被害者、加害者、容疑者、犯罪者、労働者というようにラベルを貼る。人の表情や外見を読み、第一印象を信用するのだ。

この方法も時として失敗する。逮捕手続き担当の警官からこんな話を聞いた。殺人容疑で逮捕状が出ていた七〇歳男性のことだ。本人は指名手配されていることを知っていたが、逃亡生活は何事もなく過ぎていった。警官とすれ違う時はいつも怖かったが、一度として呼び止められなかったそうだ。官憲の目を怖れ、逃げまわることに疲れきった男は、最後には自首してきた。逮捕時の顔写真を見たが、どこにでもいる老人だった。運に見放され、いささか擦り切れた、しかしチェスでもたしなみそうな風貌は別段注意を引くものではなかった。

プロファイリングをすり抜ける犯罪者が出てくるのは仕方がない。プロファイリングで得られる見返りを活かすことが肝心だ。

299

「自分は犯罪者ではないが、ギャングと付き合いがある」「俺はドラッグ・ディーラーではないが、麻薬を商売にしている者は何人か知っている」。こういうことを言う連中がいるが、真偽のほどはわからない。

いずれにせよアメリカでは、誰がどんな人間と付き合おうと自由だ。しかし無法者と過ごす時間が長くなると、遅かれ早かれ代償を払う羽目になる。無害でまともな人間と付き合うほうが身のためだ。走行する車から銃撃されるのは、弁論クラブのメンバーではない。

300

チンピラ風の連中が乗った車を発見した

ら、停車させる理由はたいていすぐ見つかる。警官が好んで使うのは、前部ナンバープレートの付け忘れとか、フロントガラスのひび割れ、切れたナンバープレート電球とかだ。車内のバックミラーに吊るされた飾りや消臭剤は視界遮断になるし、タイヤの溝がすり減っている疑いで停車を命じることもできる。騒々しい排気騒音やノロノロ運転、二重駐車、バンパーの欠如も同様だ。しかし何と言っても、一時停止違反が最も頻繁に使われるものだ。一時停止標識は誰でも徐行で通り過ぎるものだ。これを理由に停車させられたチンピラ連中は唖然とし、「でも停まったぜ」と反論する。だが徐行と停止は違う。交通条例の定義によれば「停止」とは完全な静止状態。つまり、タイヤが完璧に回転を止めたことをいう。ちなみに、これほど馬鹿正直に一時停止するのは私の母くらいのものだ。

301

犯罪者というものは「ミーン・マギング」つまり、いまにも強盗を働くような目つきで互いを睨みつける。これは好戦的で厳しい表情を示す俗語で、マカロニ・ウェスタン時代のクリント・イーストウッドが見せた目を細める仕草か、腸の具合が悪い人のしかめっ面だ。このように「ガンをつけた」という理由だけで相手に殺された者の話を聞くが、まったく馬鹿げている。もっとも年齢を重ねるにつれ、当たり前とされることが馬鹿げて思えるようになってきたが。

302

刺青を入れた犯罪者は目立つので、警官にとっては都合がいい。涙の刺青は刑務所歴や殺人歴を意味することがあるので要注意。首に「殺すぞ」と入れている者も同様だ。下腹部に、ベルトに挟んだセミオート拳銃に見える刺青をしている犯罪者もいる。私が数回逮捕した男もその一人だったが、顔面に「警官嫌い」と入れて反警察をアピールする者もいる。暴行に遭った被害者が「犯人の上腕にスクービーという名前の刺青があった」と証言すれば、容疑者特定の一助になる。言ってみれば刺青は、犯罪者が自身を撃つための弾薬を警察に提供しているようなものだ。

携帯電話の使い方は、犯罪者も一般人も変らない。銃を持ち仲間とポーズをとる写真や、コカインの隠し場所を指しているところなどをメモリに保存するのは、それが犯罪社会での地位とか身分を示すものだからだ。

法律上、携帯電話は逮捕者のほかの所有物と同じ扱いで、財布やバックパックと同様に中身を確認する。没収した携帯電話に保存されている写真やメール、電話番号などはすべてコピーして、麻薬取引や武器不法所持、ギ

> ギャングは宗教色の濃い刺青に惹かれるものらしい。十字架、天国の門、「主よ、我が魂に慈悲を垂れたまえ」という言葉などだ。もちろんこれらは、犯罪社会でのあだ名や胸で火を噴くＡＫ47小銃、ドクロマーク、道化師の顔、それに「頭の骨が見えるまで打ちのめせ」というような刺青と共存しなければならないわけだが。

ャング構成員である証拠として使われる。

303

専門家によると、犯罪者は家庭で得られなかった同胞意識を満たすためにギャングのメンバーになるという。アメリカの作家、思想家であるデビッド・ヘンリー・ソローは「多くの男性は生涯を通じ釣りを愛好する。男たちが求めているのはじつは魚ではないのだが、彼らはそれに気がつかない」と述べたことによると、街のギャングにも同じことが当てはまるかもしれない。そんな会話を始めようとギャングたちにこの話をするのだが、今のところ、犯罪者社会の熱心なソローファンにはあまり出会っていない。

304

容疑者は思いもかけない場所に身を潜ませる。ナイフを持ったレイプ犯が、裸でスライド式本棚の後ろに隠れているのを同僚と見つけたことがある。これなどまるで、児童向けミステリーに出てくる仕掛けのようだ。中身をくりぬいた大型画面テレビの中に伏せたり、洗濯物の山に隠れたり、オーブンの中に潜んだりする重罪犯もいる。早晩、透明アクリル樹脂の中にすっぽり収まる者が出てこないものかと待っているところだ。

最近出た最高裁判所の判決で、携帯電話の内容確認に合意を得られない場合は、捜査令状が必要になった。

305

手錠の鍵はだいたい共通で、どこのミリタリー・警察用品専門店でも購入できる。年季の入った犯罪者になると、警官がやって来ることを想定し、この鍵をネックレスにして付けたり、靴にテープでとめたり、あるいは頬の裏側に隠しておいたりする。

306

警官がよく言うジョークにこんなのがある。路上犯罪容疑者の人種こそさまざまだが、あとはたいてい似たり寄ったり。男性、年齢一六歳から二五歳、身長一七〇センチから一七五センチ、体重六三キロから七二キロ。黒のフード付きトレーナーを着て、暗い色のズボンをはいている。

307

犯罪者と話をして彼らの考えや気持ちなどを探る。どんな人間なのかを理解するうえで意味がある。彼らの学歴は高校中退者から日常生活の読み書きすら満足にできない者までおり、生活能力は低い。公共の場での態度は粗雑で怒気《どき》をはらんでいる。おまけに警察を目の敵にしているから、警官が彼らと会話するのは容易ではない。まともに会話させるには、ジョディ・フォスターが人間の言葉を解さない野生児を演じた映画『ネル』並みの努力がいるだろう。

しかしなかには、相手を魅了する一種のカリスマの持ち主もいる。連中も警官のことを知りたがっているのだろうが、機嫌がよい日なら会話に応じる。話題は彼らが引き起こした犯罪に関することでなくてもよい。スポーツや音楽でもかまわないし、私は時として夏時間についてどう思うかと聞くこともある。ある程度の信頼関係ができ上がったところで、何らかの取り引き、たとえば罪状を減らすチャンスを提案してみる。ことによると近所で頻発しているカージャック事件や、高速道路の高架下で発見された遺体について知っていることを話してくれるかもしれない。

ギャングだろうと堅気だろうと、人とのつながりを渇望していることに変わりはない。街のチンピラも誰かに知られていると、たとえ相手が警官であっても、うれしいものなのだ。「俺が誰だか知ってるか?」。あたかも大物俳優か政界の新星でもあるかのように、時折、ギャングが聞いてくる。「知ってるさ」。警官にそう言われて、喜びを隠そうとするが、連中にとって知名度がいかに重要かは透けて見える。つかの間の有名人気分にひたれるからだ。スラム街のセレブとはいえ、名無しよりはましなのだ。

犯罪者にまつわるエピソードは多いが、個人的にいちばん気に入っているのは次のもので極めてユニークだ。あるチンピラが店に入り五〇ドル札をカウンターに置く。両替を頼み店員がレジを開けたところで銃を抜き全額よこせと脅す。中にあるのは三五ドル。男は金を奪い、自分の五〇ドルは忘れて逃走する。つまり、純損失一五ドルとなるわけだ。容疑者が被害者に銃を突きつけ、結果的に金を与える羽目になった場合でも、これは強盗と言えるのだろうか?

308

　ほとんどの人間は目的意識を持って歩く。通勤、レストランでの食事、友人宅での集まりなど、行き先が頭の中にあるからだ。犯罪者の場合はまったく違う。身に染みついた放浪とでもいうべきもので、他人を脅かす雰囲気を帯びている。頻繁にあたりを見回し、時に背後をチェック。彼らの目は、侮蔑のまなざしを向ける者や潜在的な獲物、敵対するギャングのメンバー、警官を求めて通りを見渡す。つまり、別段行くあてのないブラブラ歩き、ただそれだけだ。なぜかって？　連中には仕事も学校もない。それに警官を除き、仕事に就いている知り合いもいないからだ。あるチンピラに一日何をしていたのかと聞いてみた。彼は手のひらを上に向ける仕草をして、「マリファナ吸って、女とやってた」と言った。

309

　怪しげなグループが乗り込んだ車を止めて車内を捜索する場合、容疑者は歩道の縁石に座らせ、両足首を前で交差させる。こうすると、逃げようとしても脚を元に戻してから駆け出さなくてはならない。逃亡を阻む時間が稼げるわけだ。

310

　誰しも凶悪犯罪に巻き込まれるのは怖い。家宅侵入、武装強盗、乱射事件はイブニング・ニュースの定番だ。しかし、こういう事件は考えられているほど頻繁には起こらない。ニューヨーク市警のベテラン殺人担当刑事がいつだったかこう言った。ある人が米国に住んでいて、比較的順法精神があり（すなわち違法薬物の売人やマフィアの用心棒ではないということ）、ことに夜間の行き先を慎重に選ぶほうであれば、殺人の犠牲者になる確率は宇宙ゴミに当たる確率と大差ない。

311

警官の仕事をしていると、人は四六時中嘘をつくものだとわかる。夫は妻を殴ったのは自分ではないと言い張り、盗んだ車は従兄弟のものと勘違いしたと主張する車泥棒がいる。「困っている女性に親切にしようと思った。ヒッチハイカーだと思って乗せてやったら売春婦だった」。そういう言い訳をする男に「奥さんにキミがどんな親切をしたのか言ってやろうか」とほのめかすと、顔を曇らせる。

人は警官に嘘を言う。虚言はフロントガラスにこびりつく昆虫の死骸のように積もり積もっていく。勤務時間中に事件を一〇件処理すれば、その半分には嘘が絡む。よくあるシナリオは人物AとBが「やった、やらない」と正反対の主張を繰り広げるものだ。どちらかが嘘をついているわけで、これを合計すると一日に五件の嘘を聞く勘定だ。一件の事件で複数の嘘と出くわすことを考えれば控えめな数字だ。さて、一日五件の嘘を二五年間、毎日のように聞き続けるとどうなるか。典型的な警官は、休日や休暇を差し引いても、キャリアを通して二万七五八五件の嘘を耳にする計算になる。これは低めの見積もりだ。「まず信じ、しかるのちに確かめよ」という諺がある。「確かめる」のは正しいが、「まず信じる」は警官に言わせればお人好しに過ぎる。

嘘つきは有り余るほどおり、その虚言も千差万別だ。途方もない確信を持って騙そうとする者は、相手ばかりか自分も同時に欺こうとしているかのようだ。おそらく「『はい』と『いいえ』は、はっきり言え」という聖書の言葉を聞いたことがないのだろうが、簡単な質問に対し無関係な事柄を巧妙につなぎ合わせて答える者もいる。時間を稼いで話の辻褄を合わせようとしているのかもしれないし、警官が質問の内容を忘れてくれないかと思ってのことかもしれない。その両方ということもあるだろう。虚言がばれるような癖、たとえば髪を両手でかき上げたり目を背けたりする者もいる。多くは嘘の中に「お巡りさん、正直に言いますが」とか「母の墓にかけて誓います」などといった決まり文句をちりばめる。

母親の墓も地に堕ちたものだ。

312

警官は途方もない量の嘘に日々さらされる。このため事件通報を受けるたび、この人物はいったいどんな魂胆なのかと怪しむようになる。車が盗まれたと言うのは、実はその車でひき逃げ事件を起こしたからではないのか？　ボーイフレンドにナイフで脅されたとする女性は本当のことを言っているのか、それとも浮気に腹を立て警察の手で男を家から連れ去って欲しいのか？　武装強盗に遭ったという主張は本当か？　売春婦に財布と結婚指輪を巻き上げられた男が、妻に弁明しようとでっち上げた話なのではないか？　歴史的価値のある「死海文書」とダイヤモンドをちりばめた「王の杖」が白昼公然と無施錠の自宅から盗まれた。そう通報してきた人物は本当にこんな貴重品を所有していたのか？　それとも保険金詐欺なのか？

313

いきなり人を嘘つき呼ばわりするものではない。ある警視がこう言った。「警官はできるだけ善人を演じるのが望ましい。しかし、人の話に辻褄の合わないところがあれば、それを解明するのが仕事だ」

だが、矛盾を指摘すると怒り出す者がいる。自分の言うことを疑うとは何様のつもりだ？　というわけだ。こういう場面に出くわしたら、私は次のように答える。「人は往々にして警官に嘘をつくものです。だから話の裏をとる必要があるんです。事実はこうだと言われても、実際にそうとは限りませんので」

仮に警官が人々の言うことを鵜呑みにする世界を想像してみる。スピード違反の車を停車させたところ、トランクから蜂の巣になった腐乱死体が出てきた。

「いったいこれはどういうことですか？」

「私、死体安置所で働いている者です。それで……いつものトラックが壊れたもんで、このオンボロ車を運転してるってわけなんですよ」

「わかりました。でも、遺体が運搬袋に入っていないのはどうしたんですか？　それにあなたが血まみれなのも腑に落ちない」

「袋は使わなくなったんですよ。予算削減ってヤツで。それにこの赤いのは血じゃなくてピカンテ・ソース。サリバンの店、火曜日はタコスの割引セールですよ、お巡りさん」

「そうですか、わかりました。私もタコスは好きなほうです。ところで、パトカーで先導しましょうか？」

「いや、大丈夫です」

「それでは、気をつけて運転してください」

314

容疑者の口から出る山のようなたわごと、デタラメ、ナンセンスの類いは仕事と割り切って聞くしかない。しかし時には、あまりにも見え透いた嘘に出くわすこともある。警官の手を振りほどき、今まさに逃げようとしている容疑者が実際にこう言う。「逃げようとしているんじゃない」

315

被害者も嘘をつくことがある。彼らの証言をふるいにかけてみるのがよいだろう。被害に遭う前日からの行動を順に説明させ、どこにいたか、誰と一緒だったかを確認する。彼らに指名手配や逮捕状が出ていないかどうかもチェックする。また、フェイスブックなどのソーシャル・ネットワーク・アカウントにも目を通してみることだ。自分たちが言うほど誠実な人間ではないかもしれないし、被害者として巻き込まれたと主張する当の犯罪に、実は加担していた可能性もある。

自称被害者がでっち上げを自白した場合、公務執行妨害で逮捕するのも選択肢だ。母親やフットボールのコーチに嘘をついても法律違反にはならない。夕食会のホストに料理の味を聞かれ、本当のところを言わないのも然り。しかし、公務で捜査を行なっている警官への虚偽報告は法に抵触する。「昨晩、また嘘つきを捕まえてやったよ」。獲物の鳥を袋に入れるハンターのように、嬉々として話す警官もいる。

316

事実を認めたがらないのは人の常。収監《しゅうかん》の可能性に直面していればなおさらだ。重犯罪で告訴された場合、人は何と答えるだろうか?「ええ、確かにあの男を溺死させましたとも。私を怒らせたからいけないんです」「そう、その通り。会社の金を一千万ドル横領しました。ギャンブルですった金の穴埋めにね」。この類いの嘘は捜査攪乱を狙ったものだ。警官は一事が万事、人の言うことを額面通り受けとるわけにはいかない。足元から崩れていく嘘を連日かき分けていると、被害者への思いやりを失ってしまうこともしばしばある。誰一人信じられなくなり、「日曜版の新聞が盗まれた」と言う年老いた教会の助祭を前に、「彼女の言い分の裏をとる必要があるな。新聞をタダでもらおうという魂胆かもしれない」と考えてしまう。

317

そうは言うものの、ごくまれに、本当のことを話す人は存在する。このことを警官は忘れてはならない。いくばくかの真実ではなく、事実を洗いざらい述べる人が出てきても、嘘に毒されている我々はなかなか気がつかない。だが、どこかにあるという真実を探してみたくなる夜がある。古代ギリシャの放浪哲学者ディオゲネスのように、街路や脇道を歩き、裏通りと電車の操車場を通り抜ける。冷笑的になりがちな気持ちを抑え、ランタンをかざし出会う人々を照らす。正直者の顔に行き当たることを願いながら。

第17章 逮捕

初めて刑務所に送られた時、ある種の興奮を覚えた。そして最高のセリフのネタを学んだ。

クエンティン・タランティーノ（映画監督）

318

幼児を抱いた女性をいかに逮捕するか？子どもを離そうとしない容疑者は手強く、その扱いはきわめて厄介だ。同じく警官の手腕が問われるのは、全身血まみれの人間を拘留する場合。こういうケースを手際よく片づける方法を考えついたら教えて欲しいものだ。巡回中でオフィスにいなければ留守録にメッセージを残してもらいたい。

３１９

逮捕手続きの担当になったら、まず、容疑者の身体検査から始める。ポケット、靴、靴下の底、そして口内に武器や禁制品を隠し持っていないかどうか確かめる。他人にやたらと身体を近づけてくる者もおり、指紋採取しようとする警官の手のひらを指で撫でたりする。一人で道を渡ることすら危なっかしい未成年の重罪犯は、他人に銃を突きつけるとは思えないほど幼く見える。拘留手続きを従順に済ませる容疑者だけではない。酔っ払いなどはカメラに向かって舌を出す。拘留写真は面通しに使えるように均一でなければならない。犯罪被害者が面通し写真を見て、一人だけ舌を出している者を加害者だと特定したらどうなるか。法科大学院に入りたての学生でも「不必要に犯人を示唆する」との理由で証拠採用を見送るだろう。舌を口の中に無理矢理押し込んで写真を撮る？　それでは警官も写真に入ってしまい「示唆的」というジレンマはついてまわる。口を閉じさせる？　どうやって？　ホッチキスでとめるか？　出てくるのは疑問ばかり。答えはいっこうに見つからない。

３２０

悪臭を放つ容疑者もいる。一週間、いや一カ月シャワーを浴びていないどころの体臭ではない。生まれてこのかた身体を洗ったことがないかのような、すべてを押し包む、どろりとした悪臭のことだ。拘留手続を行なう際は彼らと文字通り顔をつき合わせることになる。

ミッチの下着には糞便が厚くこびりついている。肉食動物に噛みつかれると脱糞して窮地を脱するというアマゾンの蛇も顔負けだ。グレンが何週間も替えていない真っ黒になった靴下を脱ぐと、皮のむけた足指にはカビが生えている。毒気を含んだような臭気に、昼に食べたものが喉をせり上がってくる。普通、このミッチやグレンのような逮捕者が脱衣を始める前に、大型消臭剤を二本まとめてふりかける。こういう予防措置をとったうえ口で息をする。それでも彼らの悪臭は、六メートル離れたところでも反射的に吐き気をもよおすほどだ。手続きを終えて郡拘置所に護送すれば保安官助手たちが引き継いでくれる。それまでは堪え忍ぶしかない。

321

健康問題をかかえる容疑者は多い。C型肝炎、エイズ、糖尿病、肝硬変、ぜんそく等々。かなりの者が薬物治療を受けているが、処方薬の綴りがわからないとか、発音できない場合がほとんどだ。

「クソ忌々しい万病のせいで、あらゆる薬を飲まされてるよ」。容疑者がある時、そう言った。

容疑者の中には正真正銘の病気持ちもいる。だが、医学面談では心臓病歴がないと言っておきながら、急に芝居がかった仕草で胸をつかみ心臓の痛みを訴える者が必ず出てくる。仮病であることは警官も本人も知っているが、診断を受けさせないわけにはいかない。通報を受けた救急隊員たちがやって来る。仮病はすぐに見抜かれる。診断は「急性刑務所炎」。監獄を出て病院に搬送されたくなる病状のことだ。

まれに、仮病を使えば逃げられると勘違いしている者もいる。非暴力の軽犯罪の場合は別だが、通常、警官が容疑者を病院まで護送しベッドに手錠でつないでおく。いくつかの検査のあと、医師が「異常なし」と診断を下すのは見えている。そこで豚箱に逆戻りとなり、仮病で得たのは拘留時間の延長だけという結果に終わる。

「刑務所炎」のシナリオがうまくいくとは限らない。あるとき私が逮捕した男は、体じゅうの痛みを訴え救急車を呼んでくれと迫った。生きているのが不思議なほどの慢性アルコール中毒者だった。救急隊員がざっと診断して言った。

「新しい肝臓が必要だが、ぼくら救急隊員は肝臓移植はやらないんだ」

322

同じ家に住む同じ顔ぶれが起こす同じ問題で、何回となく通報を受けることがある。記憶が薄れていても、前回ドアを警棒で叩いたへこみを見れば思い出す。こういう家では定期的に誰かを逮捕するのだが、ゲームセンターのモグラたたきと同じで、毎回ほかの犯罪者が取って代わる。自分は本当に何か役に立つことをしているのだろうか、と疑心暗鬼になる。こういう場合は視野を絞って考えるのが得策だ。この麻薬密売所やあそこの街かどから、少なくとも数時間、某ギャングや例のチンピラがいなくなる。それ以外のドラッグ密売所に巣くう犯罪者は時間が許す時に取り組めばいい。

323

容疑者が駆け出しの場合はとくにそうだが、武器を持って強盗に入る緊張のあまり脱糞してしまうことがよくある。こういう手合いを逮捕する場合、連中の糞便に出くわす確率はとびきり高い。オリーブ大の糞がズボンの裾から飛び出してタイルの床を転がり、警官の左のブーツにペタリとくっつく。これも、警官という職業を選んだ者への歓迎の一種だ。失禁した容疑者のズボンを検査しなければならないことも多い。ちなみに、こういうことは警官募集パンフレットには決して書かれていない。新人の警官とペアを組んでいれば、この検査をするよう丸め込める。先任者の特権だ。そうなればよいのだが……。

324

逮捕されて当然の連中は大勢いる。だが、彼らは手に負えない連中だ。普通なら熱帯地域でしか発症しない病気も含め、彼らは数々の健康障害を申し立てる。路上生活者なら、はちきれそうなトランクや大型テント、異臭を放つ寝具類、それに数匹のペットまで載せたショッピングカートを持っているだろう。これらは所有物と見なされるから逮捕すれば保護義務が生じる。パトカーの後部座席は荷物ですし詰め状態になり、窓に押しつけられた逮捕者はウインドーの内側をジャムのように舐め始める。彼らの犯罪が軽微であれば、手錠をかける前に熟考した方が身のためだ。さもないと、逮捕者の医学検査のため丸一日病院で過ごす羽目になる。逮捕手続き担当の警官にも、不潔な人間とシラミが湧いた所持品を署にもたらしたことで長く恨まれる。しかもこの逮捕者「俺が何したって言うんだ」と金切り声でまくし立てる。これは、聞きつけた警部補が様子を見にくるまで続くのだ。誰を逮捕すべきかの判断は釣りに似ている。なかには放したやった方がいいものもある。

325

拘束した容疑者がケンカをふっかけてくることがある。警官をホモとかアバズレと呼び、手錠を外せと迫る。お前なんかバッジと拳銃がなければ大した相手じゃないと挑発するのだ。

長い一日を過ごしたあとなどは、この売り言葉に釣られて、目の前の挑戦者に飛びかかりたくなる。しかし、ガンベルトやバッジを外して一戦交えれば相手の思うつぼだ。大立ち回りや体力コンテストは、警察コメディ番組『リノ911!』のガルシア保安官助手に任せておけばいい。警官の仕事は容疑者より肉体的に勝ることではない。実際、犯罪者の方が強いことだってある。彼らが正道を踏み外した時に逮捕する。それが警官の役目だ。

326

風紀紊乱《ふうきびんらん》のかどで拘束し罪状を告げると、相手はいつも似たり寄ったりのセリフをわめき散らす。

「風紀紊乱だと、このゲス野郎？　ブタは死ね。俺にフェラチオしてみやがれ」

反語や皮肉を研究する者にとって、警察は最適の職場だ。

327

逮捕と同時にその場で容疑者の身体検査をすることが義務づけられている。これはポケットやバッグを含む徹底的な検査だ。容疑者を拘束した警官が護送担当の警官に身柄を引き渡す際は、後者が今一度同じ検査を繰り返す。警察署に到着すると、今度は逮捕手続きの担当が三度目の身体検査を行なう。三人の異なる警官が同一の容疑者を再三チェックするのだから、武器や禁制品は間違いなく押収されていると思いがちだが現実は違う。市警留置場から囚人が護送される郡刑務所では、注射器や麻薬、ナイフにドライバーなどが見つかったと、毎度のことのように報告される。いかに発見を免れたのか説明がつきかねる物品も時々ある。こういった見落としが発覚するのは往々にして尋問室で、刑事と容疑者の間でこんな会話が交わされる。

刑事「キミは武装強盗容疑で逮捕された。銃はどこにある？」

容疑者「ここだ」

刑事「警官が没収したってことか？」

容疑者「いいや、俺のポケットにある」（そう言って刑事に銃を差し出す）

　このような危機一髪の事態がいつも平穏無事に終わるとはかぎらない。知り合いの警官は容疑者に顔面を撃たれた。容疑者は逮捕時から郡刑務所に護送されてくるまでズボンのポケットに二五口径拳銃を隠し持ち、これを発砲したのだ。どうしてこんなミスが起こるのか？　同僚がすでに身体検査したと頭から決めてかかり、自分は再検査を省いてしまうことも時にはあるだろう。武器や禁制品を隠すにはもってこいの場所、たとえば男性の鼠径部や女性の髪などを検査し忘れることもある。あるいは、最近逮捕した五〇人が拳銃を所持していなかったので、この拘束者も同様だと思い込み、身体検査がずさんになる場合も考えられる。

328

病院での治療が必要な容疑者は手錠でベッドにつなぐ。だからといって、容疑者の監視をしなくてもいいということではない。ひどく短気な者ならそれでも警官に唾し、噛みつき、看護師のポケットから盗んだペンで刺そうとする。創意工夫に長けていれば、希代の奇術師ハリー・フーディニよろしく手錠抜けを試みるだろう。容疑者が郡刑務所に留置され保安官の頭痛のたねになるまで、警戒心を怠ってはいけない。

私が逮捕時の身体検査で発見した物品で最も意外だったのは一冊の本。逮捕されるような者に愛書家は少ないからそれだけでも珍しい。そのうえ、たまたま私が読んでいたのと同じ本だったのだ。

329

車椅子に乗っている者、歩行器を使う者、酸素タンクにつながれている者でも、重犯罪を犯せば逮捕されることに変わりはない。老齢や身体障害は、それだけでは刑事免責条項にならないのだ。障害を持つ者を逮捕する際はつねに常識を働かせなければならないが、特別扱いは避けなければならない。人工肺が必要だという男性容疑者がいる？　いいだろう。囚人護送車の後ろに積み込んで、容疑者と一緒に刑務所に行けば済むことだ。

３３０

ひと目見て、指名手配者ではないか、あるいは、何やらよからぬことを企んでいるようだと直感できることがある。こういう時は、逮捕状が出ているかどうか確認するためだと告げたうえで氏名を訊ねる。だが相手が拒否したら手も足も出ない。アメリカ合衆国では、警官が名前を聞いてきたからと言って、それだけでは答える義務はないからだ。相手を引き留めるには理由がいる。ここで、軽微な犯罪に関する、ふだんは目立たない市条例が役に立つ。たとえば「公道、裏通り、車線に隣接する歩道で、唾、痰、粘液、噛みタバコのカスを吐いたり捨てたりすることを禁ずる」とか、未成年者のタバコ所持禁止、適正なリードなしの犬の散歩禁止、道路横断禁止、ゴミの投げ捨て禁止、公道での自動車修理禁止などだ。こういう法律をいかに活用するかは警官の創意工夫しだい。時には糞尿や汚泥など廃棄物に関する市条例を検討することすらある。

市民を制止する理由としては確かにけち臭いものだ。しかしこうすることで、相手には氏名を告げる義務が生じる。身分を明らかにし、指名手配されているかどうか確認できるまで拘束できるわけだ。その後で違反切符を切るか自由にするかを決めればいい。

警官がこういったやり方を採るのには理由がある。重要犯人が逮捕されるに至ったきっかけはほとんどの場合、軽微な違反行為だったからだ。かつて私が拘束した男には、移民帰化局の国外退去命令が出ていた。そのうえ、恋人を刺した殺人未遂容疑で指名手配中。国土安全保障省の最重要指名手配者リスト百人中の二三番目でもあった。どのようにしてこんな重罪犯と出くわしたかって？　スーパーでシャツを万引きしたからだ。オリンピック・パーク爆破事件などを起こした爆弾テロ犯エリック・ルドルフはゴミ箱を漁っているところを逮捕された。**オクラホマ・シティ連邦政府ビル爆破事件の主犯ティモシー・マクベイは、期限切れナンバープレートで公道を走った容疑で警察に制止された。**第二のビン・ラディンは、アヒルへの餌やりを禁じた市条例違反で逮捕されるだろう。

331

時によっては悪党に出し抜かれることもある。警官の職務は犯人を逮捕することで、悪人の仕事は逮捕を免れること。相手の方がほんの少し上手ということもあるが、それは仕方がない。運が向いている日ばかりではないからだ。次の機会に捕まえればいい。犯罪者という手合が、ある日突然通りから姿を消して、交響楽団の第一ビオラ奏者に収まることはない。連中は明日もその次の日も、同じ街かどで同じ愚行を繰り返す。

第18章　スラム街の治安維持

これまで数えきれないほど危険地帯を歩いてきた。それぞれ若干異なるが、その本質はまったく変らない。貧困に喘ぎ、絶望的で、銃とドラッグと恐怖によって引き裂かれている。単に物騒だというだけではない。戦禍の街ベイルートを彷彿とさせるこれらの地域が、平穏でよく手入れされた家々が建ち並ぶ通りとピッタリくっつき合って存在しているのは驚くべきことだ。

『撃たないで』デビッド・ケネディ

332

スラム街で名字はめったに使われない。人はファーストネームかギャングどうしのニックネームで通る。「リトルT」、スペイン語でニワトリを表す「ポーヨ」、「マンマン」、それに「バター」など。この種のあだ名には時として気の利いた由来もあるが、たいていはまったくのデタラメ。命名者がドラッグでハイになっていたから、というだけのことだ。

333

冬場、スラム街ではマヨネーズは窓の外に出して冷やしておく。冷蔵庫がないのだ。犯罪は通報されないことが多い。被害者自身に重犯罪で逮捕状が出ているからだ。有線放送のケーブル箱は盗難を避けるため地面から三メートルほどのところに据え付けてある。住人は公共料金滞納でガスや電気や水道を止められると、子ども名義で新規口座を開く。子どもは一八歳になるまで気にもしない。信用格付けが低すぎてローンを組めないことに気づくが時すでに遅しだ。

貧困地域では、五百ドルのポンコツ車に三千ドルのオーディオ・システムがついている。夜、通行人は歩道で強盗に襲われることを恐れ、車道の真ん中を歩く。盗みに遭ったり、撃たれたり、家賃滞納で強制退去になったりする類いの可能性は別にして、ここにはポジティブな可能性、つまり、将来が上向く見込みはまず存在しない。住人は台所の電球が切れると地下室の電球で間に合わせる。金がないか、新しいものを買おうということすら考えつかないのだ。この電球が切れると、つぎは廊下のものが代替になる。この繰り返しは、明りが灯っているのが一階のトイレだけになるまで続く。

警察がパトロールする地域には、完璧に道に迷った者は除いて、外部の者がけっして立ち入らない場所がある。タクシーもピザの配達も駐車違反取り締まりさえも近づかない。電力会社はやって来るが朝の時間帯だけで、それも長居はしない。そんなスラム街に折にふれてやって来る人々がいる。見当がつくだろうか？　モルモン教徒だ。ネクタイを締めた清潔な身なりの若者らが福音を広めたり、地域の子どもたちとバスケットボールに興じたりする。スラム街のモルモン教徒。このシュールなコントラスト、極貧地域をまだ見捨てていない人々がいることを示している。

334

スラム街の中でも、懸命に働き、子どもたちを真っ当に育てようとする善良な人々はいる。雪だまりに突っ込んで動けなくなったパトカーを押してくれるのも彼らだ。家の前を、メッキ・ホイールをつけた車がステレオを轟かせて通り過ぎる。台所のコップがガタガタと共鳴するほどの大音響だ。そんな時、住人はやれやれと首を左右に振りながら芝生の手入れを続け、歩道に散乱する割れた瓶を片付ける。同じ住居に二〇年、三〇年、四〇年住み続けている人々もいる。だが、いま彼らが近所を見回すと、子どもの頃から慣れ親しんだ通りは見る影もなく、かつての隣人たちの姿もすでにない。あたりの環境は悪化の一途。引っ越しも考えざるを得ない。もちろんできることなら動きたくはない。しかし、孫たちが流れ弾に当たったり、猛犬に噛みつかれたりする心配のない所に住む方がよいかもしれない。

誰だって、雪だるまをあしらったTシャツ姿（訳者注：雪は白い粉、すなわちコカインを意味する暗喩）の若者が目と鼻の先で麻薬売買をしているスラム街より、子どもが自転車に乗って遊びに興ずる街に住みたいと願うものだ。ここに住む者でなければ、一刻も早く引っ越したくなる気持ちはわからない。警官には、パトロールが終われば帰る家がある。つまり警官はスラム街を通り過ぎていく旅人。ガイドですらなく単なるゲストなのだ。

335

スラム街で暴行の被害者に出会った場合、口を殴られ歯が折れていたらこう質問する。「いま、殴られた時に歯を折られたのか、それとも前からこうなのか？」。都会の極貧地域では、ほかの医療と同様に歯科衛生はないに等しい。したがって、ここでは完璧に的を射た質問なのだ。

336

スラム街の家に足を踏み入れると、多くは我々が家庭と呼ぶものとは違っている。不潔物の展示に特化した博物館とでも言うのだろうか、汚れた皿が五〇センチ近く積み上げられ、暖房には台所のコンロを使う有様。一酸化炭素中毒の危険など、どこ吹く風だ。トイレは便であふれ、コップに注がれた得体の知れない液体にはタバコの吸い殻が浮かぶ。新聞紙の上にオートミール状のモノがうずたかくなっているが正体は不明。この中で容疑者を捜すわけだ。猫の糞を避けつつ膝まであるゴミをかき分けて部屋から部屋をチェックする様子は、言ってみれば、完走しても表彰式のない障害物競争だ。

ある家には、文字通り何年も外に出してもらっていない一二匹の犬がいた。家具は薄汚い犬の糞で半分ほども埋まっており、これに人尿のアンモニア臭が加わり凄まじい臭気を発する。電気製品と言わず、窓と言わず、カーテンと言わず、糞がかさぶたのように覆い、塵になった排泄物が空気中を漂っている。ここを一掃するためには酸素マスクが必要だった。これはもう家と呼べるシロモノではない。堕落の底の見世物小屋だ。家の内装をすべて完全に剥ぎ取り、犬たちは安楽死させるしかなかった。

極貧地域の高層アパートには注意が必要だ。上の階の住人が警官めがけてモノを落とすことがあるからだ。便座から猫の死体やテレビまで何でも降ってくる。

３３７

警官にとって「敵地」と言ってよいスラム街もある。友人はおろか知人も存在しない場所だ。容疑者を追跡する警官に瓶を投げつけ、逮捕時には住人が隣人を助けようと周囲をぐるりと取り囲む。彼らに目撃者証言を求めようものなら「クソ喰らえ」と言われるのがオチだ。こういう所では、警官は治安を維持する公務員ではない。占領軍なのだ。敵兵にとどまって欲しい住人などいやしない。

３３８

ラップ音楽の上手い下手をめぐって、面白半分で人を殺す人間がスラム街には存在する。車のホイールや皿洗いの順番に関する口論、ガンをつけたというだけの理由で殺人が起きる。人を殺すのに、理由などまったく要らない地域すらある。

３３９

普通の人の考え方はスラム街の住人には通用しない。ここに住むある女性は、虐待を繰り返すボーイフレンドについて「彼がこうなったのは刑務所暮らしのせい」と言う。「彼は人生の一〇年以上を州刑務所に捧げたのよ」。そう説明する声には、刑務所暮らしが崇高な行為だと信じる響きがある。あたかも恋人が、グリーンピースの環境保全活動かカルカッタのハンセン病患者救済に献身したかのようだ。

３４０

アパートから立ち退かされる住人は破壊行

為で家主に仕返しする。床に砂糖と小麦粉を撒く。トイレを綿布で詰まらせる。「くたばりやがれ、ドケチ地主め」などと、たどたどしい綴りで落書きをする。

ところで、嫌煙家には警官の仕事は勤まらない。ここの住人のほとんどはタバコを吸い、禁煙など考えもしない。コンロの火がライター代わり。みなチェーン・スモーカーだ。充満する煙で壁は黄色く変色している。その場を辞してからも、淀んだ空気は皮膜のようにまとわりついて悪臭を放ち続ける。ニコチンの臭気で目が痛むほどだ。

大半は人前で至極平然とタバコに火をつける。ごく稀に「一服してもいいですか?」と聞かれ、むしろびっくりさせられる。

341

スラムの街かどで容疑者を逮捕する直前、相手が薄ら笑いを浮かべ、「X巡査によろしくな」と口にする。Xは同じ警察署で、つい最近殉職した警官の名前だ。殺害された同僚を個人的に知っていたり、友人だったりすることもあるだろう。自宅に招いて手料理でもてなし、子どもたちと遊んでくれるほど親しい仲だったかもしれない。ならば当然、容疑者を怒鳴りつけてやりたくなる。だが、頭を冷やせ。容疑者には共犯がいて、近くで事の成り行きをビデオに撮っている可能性がある。激昂した警官が容疑者を痛めつける場面を捉える魂胆だ。そうなれば、連中は暴行した警官と市に対して高額訴訟を起こすことができる。格好の金儲け事業というわけだ。だから、ここでぐっと堪《こら》えることが肝心だ。警官にとって、悪党を殴りつけたい衝動を抑えることが時として何より難しい。こういう状況に立ち至ったら、自業自得の法則に期待する。もしかしたら、鳥が目の前の容疑者に強烈な糞攻撃を仕掛けてくれるかもしれない。あるとき、これが私の目の前で起きた。鳥はブドウのような実を食べたばかりで、爆撃された容疑者は紫色のモノに覆われた。因果応報とはこのことだ。

342

通報から警官がやって来るまでには時間がかかることがある。緊急事態でない場合ならなおさらだ。スラム街の住人はこれを心得ているから「武器を持った者たちがいる!」との通報が舞い込むことになる。待たされるのを避けるためだ。大音響の音楽をかけている隣人が、突如として銃で武装したグループになり、街路で騒ぐ酔っ払いは棍棒やナイフを振りまわす輩という具合だ。パトライト(警告灯)を点灯し、サイレンを鳴らして現場に急行。拳銃を抜いて周辺をチェックする。通報者の女性がやってきて、誰かがレンガを家に投げ入れたと切り出す。本人がレンガを警官の方に投げてよこし「これが……」と言いかけるのを途中でさえぎり、「レンガの話の前に、銃を持って走りまわっているという男はどこだ?」と訊ねる。すると往々にして「一人は銃みたいなモノを持ってたわ」とか「棍棒を持って来るって言ってた」とつぶやいて口ごもる。

警察の遅々とした対応に市民が不満を抱くのは理解できるので、責めるわけにはいかない。だが、もし本物の銃を持った男がドアを蹴破って侵入しようとしている時、警察がニセの拳銃通報で街の反対側に出払っていることを知ったらどう思うだろうか？

343

ピットブルと、数は少ないがドイツ産のロットワイラーがスラム街で好んで飼われる犬だ。「罰すべきは犬種ではなく犬の行ない」。よく見かけるバンパー・ステッカーにはそう書かれている。確かに、ピットブルが暴れるのは生来の性質ではなく、飼い主によ る虐待や飼育放棄によるところが大きい。とはいうものの、オーナーの命令でピットブルが警官めがけて突進してきたり、八歳の女の子の耳を食いちぎった事件を担当したりすると、この事実を心にとどめておくのは難しい。

犬を撃つ羽目になりたくなかったら、違った角度からのアプローチを知っておいた方がよい。ペッパースプレーが功を奏することもあるし、猛り狂うピットブルを菓子だけでパトカーの後部座席に誘い込むこともできるのだ。

344

市民への警官の対応はおおむね親切で礼儀正しい。しかし犯罪多発地域での勤務となると、いくらか言動が粗暴になりがちだ。警官は礼儀作法をモットーとするボーイスカウトではないからこれは仕方がない。ボーイスカウトがスラム街をパトロールしようものなら瞬時に組み伏せられ、犯罪者たちは団員の黄色のスカーフを戦利品として車のアンテナに付けることだろう。

345

荒っぽい地区の治安維持では、銃を持ち歩いている人間が多数いることが前提となる。したがって警官の仕事は、そういう手合いを見つけて、通りから一掃することだ。使える合法手段はすべて用いて容疑者を拘束し、武器所持検査を行なう。しかしながら、警官には誰かれかまわず身体検査を行なう裁量権はない。まず、拘束するには理由が要る。そして、なぜこの特定の人物が武装しているか、あるいは危険なのかを明瞭に説明できなければならない。この二つが伴わない検査は不当なのだ。第二に、根拠のない拘束とボディチェックは市民の反発を呼び、元も子もなくなる。これは少数民族コミュニティではとくにそうだ。

銃犯罪の前科があり、ギャングのメンバーだとわかっている容疑者の場合は、それだけで武器検査を行なう根拠になる。銃とおぼしき出っ張りが上着の上から見てとれる際も同様だ。身体検査を正当化するいまひとつの理由は、容疑者が見せる「公然の敵意」。単独では法的条件を満たさないこともあるが、相手の前科と夜間の犯罪多発地域であることを考慮すれば十分な理由だ。テールライトの整備不良を理由に容疑者を停車させたとしよう。男が車外に出てくるや「このクソ野郎、オレが何したって言うんだ」と迫ってくる。実はこのひと言、警官が待ち望んでいるものだ。よく言ってくれた。これは公然の敵意だ。

こちらの次のセリフは、

「これから武器検査を行なう。両手を頭の上に置け！」

346

容疑者に拳銃を向ければ、たいていの場合こちらの指示に従わせることができる。ところがスラム街のルールはいささか異なり、こちらの思い通りにはいかない者も時として出てくる。

「オレは路上育ちだ。拳銃を突き付けられたことなら何回もある。撃ちたければ撃ってみろ」。こう言われたらどうするか？

人を拳銃で狙うにはそれなりの理由があってのこと。相手は重犯罪容疑者かもしれないし、武装している可能性もある。膠着状態に陥ったからといって、ハイそうですかと拳銃を収め、キミの大胆さには恐れ入ったと認めるわけにはいかない。が、日がな一日その場に突っ立っていることもできない。いずれは昼飯だって食べたくなるし、このままではらちがあかない。ではどうする？　適切な対応はいくつかある。いったん引き下がってSWATが催涙弾を射ち込むのを待つのも手だし、相手を拳銃で狙い続け、その隙にパートナーが迂回して飛びかかる作戦もある。

指示に従わないどころか、拳銃に向かってくる容疑者ははるかに危険で始末が悪い。家庭内暴力の通報を受けた時のことだ。夫が妻の顔面を削ぎ落とそうとしているとの報告で出動した。到着時、すでに窓から逃げ出していた容疑者を近所の裏庭で取り押さえた。私は銃を向けながら、頭の中でこの男がとった行動を反復した。危険をはらんでいるものばかりだ。容疑者は殺人を犯したばかりかもしれない。刃物で武装している可能性がある。

容疑者が逃走を試みる。その場に伏せるよう命令。容疑者は従う。無線でこちらの位置を連絡。すると、男がむっくり地面から起き上がり足早に近づいてくる。自分は再逃走を試みる容疑者の道をふさいでいるのか、それとも相手は私の顔面も削ぎ落とすつもりか？　男がみるみる迫る。二〇代後半。かなりの上背だ。容疑者の両手は闇の中でよく見えず、ナイフの有無はわからない。私は後ずさりしたが、相手はそれでも接近をやめない。撃つべきか撃たざるべきか？　どっちだ！　ほとんど目の前に来た。決断しろ！

私はかなり乱暴な妥協策に訴えた。容疑者の顔面を銃で殴りつけ、地面に投げ飛ばしたのだ。別の警官の手を借りて容疑者を拘束し、武器検査を行なった。

男は武器を持っていなかった。

容疑者の妻も無事だったことがあとでわかった。夫は彼女をナイフで脅しただけで危害は加えていなかったのだ。後日この脅迫に関し、妻は夫を頑として告訴しようとしなかった。

仮に容疑者を撃っていたとしたら、警察に反対するロビー団体がやって来て、私の解雇、逮捕、そして刑事訴追を要求していたことだろう。新聞は「警官、丸腰の男性を撃つ」と書きたて、その後は、記者会見につぐ記者会見、弁護士による声明発表、訴訟合戦が続いたはずだ。

容疑者を署に連行した際、男の息が酒臭かった。「銃を向けられていたのになぜ立ち上がって向かってきた？　危うく撃つところだったぞ」と聞いてみる。

「地面に伏せているのが厭だった。居心地が悪かったんだ」

「居心地が悪かった」。容疑者の言葉を繰り返してみた。銃で撃たれるかもしれなかったのに！　これほど馬鹿げた理由は思いつかなかった。

警官は手元にある情報で事態に対処しなければならない。あの容疑者を裏庭で捕まえた時、自分の知り得る限りでは、男は武器を持ち、妻を殺害し、私を殺そうと向かってきたのだ。

もし撃っていたら、私はこの少数民族コミュニティで冷血な殺人鬼と呼ばれていただろう。

もし撃っていなかったら、私は首にナイフを突き立てられ、いまごろ妻は女手ひとつで娘二人を育てていたかもしれない。いずれの場合にせよ、失うモノは計り知れない。

警官の仕事にはこのような状況が数多くある。時には、直面する状況がすべてこうだと感じられる。

第19章　警官の心得

「キミは警官という職業が好きか？」

「好きです。ムカつくとき以外ならば、ですが」

『ブルーブラッド──ニューヨーク市警の絆』

エドワード・コンロン

347

警官が一人前になるためには、現場経験が五、六年必要だと言われている。

348

警官は現実社会の真っ只中にいる。インテリは人種間関係や銃規制、福祉と社会正義、移民政策改革をめぐって議論するだけだが、これらの問題が実際に起こるのは警官が行なう取り締まりの最中だ。警官でなければ目にすることも理解することもできない世界。言ってみれば警官は、夜ごと繰り返される苦しみと喜び、そして不条理の人間模様を特等席で見ている。『鏡の国のアリス』のように鏡を通り抜け、こっそり、事の真相を垣間見ることができる。

349

警官がいい仕事をするには何が必要か？一つには、暴言や卑猥な言葉を雑音のようにやり過ごすチベット僧の落ち着きだ。故リンドン・ジョンソン大統領並みの狡猾さも要る。オリンピック陸上競技金メダリストのジャッキー・ジョイナーのスピード。ニューヨーク市警にはびこる汚職と腐敗を描いた映画『セルピコ』で、アル・パチーノ演じる孤高の警官が見せた自制心。そして、堪えがたい知らせを遺族に伝える際には、米国赤十字社を設立した先駆的看護婦クララ・バートンの細やかさが不可欠だ。殴る時はプロボクシング世界ミドル級チャンピオンのマービン・ハグラー並みの強打が欲しい。もちろん、一人でこれだけの資質を兼ね備えることは不可能だ。仮に、ハグラー程度の感受性とクララ・バートンの細腕が繰り出せるパンチがあれば、それでも警官として申し分ない結果が残せるだろう。

350

ある警部補が言った。

「九割方いい仕事ができれば、警官としてはまあ上出来の部類だ」

野球の打率にしろ、バスケットボールのゴール率にしろ、フットボールやサッカーのパス成功率にしろ、九割はプロ選手にとっては夢のまた夢。しかし警官にとっては、とれて当たり前の数字なのだ。

351

同僚が死傷した場合の通報「オフィサー・ダウン」を除けば、「延焼中の家に子どもが取り残されて泣き叫んでいる」という無線連絡が最悪だ。内臓に一発喰らったように感じる。

352

警官の仕事の九五パーセントは完璧に退屈で、残りの五パーセントが純粋な恐怖だと言う人がいる。後者の数字はおおむね正しい。しかし、勤務中、九五パーセントの時間をもてあましているとすれば、桁外れに犯罪発生率の低い地域で勤務しているか、まったく怠惰かのどちらかだ。

353

連邦政府発行の『緊急事態対処ガイドブック』には、テロ攻撃の際、危険物に対処するために必要なあらゆるデータと情報が色分けされて掲載されている。たぶんエンジンオイルとソースにまみれ、パトカーのどこかに押し込まれていると思う。

354

警官が扱う苦情の中には、何かしらよくないことが起こりそうな予感のするものがある。ヒステリー発作を起こした女性から、銃撃されているとの通報があり指令係の命令で出動。現場に到着するが異常は見当たらない。人々は普通に歩きまわっており、叫び声を上げる者も、銃弾を避けようと物陰に隠れる者も、銃撃犯を指さす者もいない。居合わせた人々に話を聞いてみる。誰も銃声を聞いたり、不審な出来事を見たりしていない。通報者に電話するが、たいていは呼び出し音がいつまでも鳴り続けるか、現在使用されていない番号だ。ただのいたずら？　そうかもしれない。しかし、ヒステリー患者のふりはそう簡単にできるものではない。しばらく現場に留まり、あたりを捜索するがなにも発見できない。これ以上いても無駄だと納得し署にもどる。

警官をやっていると、ときたま、このよう

な通報を受けることがある。誰かしら事件に巻き込まれた可能性があるが、その本人が見つからないケースだ。警官の間ではこれを「幽霊電話（ゴーストコール）」と呼ぶ。警察業務の中でも、幽霊電話は不気味かつ厳粛な気持ちにさせられるものだ。

355

警官は「何でも屋」だ。あらゆることにある程度は通じていなくてはならない。外傷によって肺が空気を取り込めなくなる「気胸《ききょう》」の応急処置から馬車に適用される市条例まで熟知している必要がある。

356

警官と消防士はライバル関係にあり、いい意味での競争意識を持っている。両者とも厳しい専門教育を受けていること。危険度の高い職業であること。職務遂行にあたり、犯罪者や被害者など同じようなタイプの人間を相手にすること。おおむね同程度の給料であること。しばしば「ガン対ホース」と呼ばれる慈善の催しで対抗試合を行なうことなどが両者を好敵手どうしにしている。

警官は、消防士らがなぜか申し合わせたように髭を生やしているとちゃかす。いっぽう消防士は、防護服も着ず適切なトレーニングも受けていない警官が、延焼する建物や危険物流出現場に飛び込んでいく無茶を冷やかす。

消防士は勤務時間中に夕食の買い出しに出かけ、タイトなTシャツを着て署内のジムで鍛えた筋肉をひけらかしている、と警官がはやし立てれば、消防士たちは警官の巨大なビール腹を指して「ソーセージ以外にも食べ物があるのをご存じないのかな」と慇懃に聞いてくる。

まあこんな具合だが、お互い悪気があってのことではない。

357

警官の仕事をしていると、自分のとった行動が道徳的であったかと後々まで考えることがある。大学時代に哲学の授業をいくつかとり、英国の哲学者ミルズやドイツの思想家カントの倫理学を学んだ。彼らだったら私の行動をどう評するだろうかと考えるものの、警官じゃない彼らに何がわかる、と結論する。当代英国の哲学者アントニー・グレイリングの世俗版バイブル『ザ・グッド・ブック』にもいい助言が載っているし、ヘミングウェイの「後になって後悔する行為は不道徳だ」とする経験則も便利な物差しだ。だが、もっとも正確な判断は自宅でできる。妻に事の次第を説明し、もし彼女の顔が曇ったら自分の行為は誤っていたと思ってよい。

358

パトロールは単調になりがちだ。派手なアクションは、あってもほんの一瞬で終わる。だが時として、大立ち回りが連続する勤務シフトもある。ドアを蹴破って突入し、細い通路で武装した容疑者を追跡、パトカーのボンネットに犯人を投げ飛ばす等々。徹頭徹尾、危険とスリルに満ちている。子どもがイメージする警官の日常そのもの。毎日こうであって欲しいと願う同僚もいる。しばし、テレビに出てくる警官に変貌するわけだ。もっとも、やがて報告書を書く時間はやって来る。ここが『ダーティー・ハリー』と違うところだ。ハリー・キャラハン刑事はレストランで犯罪者四人を射殺したあと、自宅に直行してビールを飲む。

359

警官の引退生活はあまり長くないようだ。署での点呼の際、亡くなった元警官がいるとその氏名が読み上げられる。「某日死去された元警官某氏のご家族にお悔やみを申し上げる。一九九五年引退。享年五六」

ベテラン警官の中には、長年のパトカー勤務やデスクワークを通じて、座りっぱなしのライフスタイルに慣れきってしまう者がいる。引退後の早過ぎる死は、この不活発な生活様式と関係があるのではないか。ダイエットするべきところを、フレンチフライやハンバーガーを食べ続ける生活も一因だろう。糖尿病の病歴は、一つには深夜勤務で目覚まし代わりに飲む大量のコーラが助長したのかもしれない。勤務明けに決まって立ち寄るバーでの深酒もいいはずはない。

また警官はキャリアを通じ、暴力と死に囲まれて過ごす。これは精神面で大きな負担となり早死の遠因ともなろう。警察の精神分析医によれば、平均的市民が一生の間に目にする数の惨劇を、警官は最初の三年で目撃するのが普通だという。こういう後遺症が自分にも起きるのだろうか？

世の中に敵意と苦々しい気持ちを抱いて引退。新米の頃より二〇キロ以上重くなった身体を引きずりつつ、四年から一二年の老後を過ごす。現役時代は犯罪と戦っていたのが、今では心臓病と痛風が敵という有様だ。そして、遠からず最期を迎える。

ベテラン巡査部長が近所に住む元警官の話をしてくれた。この隣人は引退してからというもの、芝生の上でぼんやりしているのが日課になった。ただ一つの関心事が芝刈り。巡査部長が自宅の芝を刈るや、負けじと刈り直したという。「警官を長くやっていると、正気じゃいられなくなるもんでね」。先輩警官は独り言のようにつぶやいた。

それだけではない。最近のＦＢＩ（米連邦捜査局）統計によれば、警官は一般人に比べて自殺率が六倍も高い。引退後はこれがさらに三倍以上跳ね上がり一八倍になるそうだ。私の知り合いに自殺者は五人いる。すべて警官だ。

これらの事実は、警官である自分をもっと

十分な休養と睡眠を確保することも必要だ。医師や消防士と同じく、警官の職務は睡眠不足との戦いだ。ギャングどうしの銃撃戦が担当地区で発生し時間外勤務になったとか、夜勤明けの法廷出頭だとか、自分の思い通りにはならない事情で疲労が蓄積する。

結果はこうだ。危険な重罪犯を終身刑送りにできる報告書をタイプしている最中、日付が思い出せない。何かを探しに別の部屋に行ったものの、その「何か」が思い出せず立ち尽くす。被告人側弁護士の激しい反対尋問で頭が飽和状態になる。カフェイン錠剤の使用説明書には一回一錠と書いてあるのに慢性的に三錠飲み下す。いずれにせよ、こういう生き方は絶対ダメ。業務遂行能力も目に見えて劣化する。

大切にしなければと決意するのに十分だ。生野菜を食べ、クラシック音楽を聴き、それに、フルーツ・ジュースをつくるミキサーも買う。とにかく何かしないといけない。

360

巡査部長が行なう朝の点呼は盛りだくさんだ。重要な情報もあれば退屈なものもある。前者は重犯罪指名手配者に関する最新ニュースだったり、後者は工事による通行止め個所や時間帯だったりする。

「勤務中、引ったくりに遭わないよう注意するように」。巡査部長の心配りにはユーモアが滲む。「我々の担当地区では、このところ車の盗難が相次いでおり、頭痛のタネになっている。ちなみに盗難に遭うのは主にホンダだ」

「メイド・イン・アメリカを買えばいい」

誰かが巡査部長にユーモアで応える。

巡査部長の命令には次のようなものが含まれる。酒場とタクシーの営業許可証が更新されているかどうか確認せよ。麻薬密売所を監視せよ。通信施設や銃砲店など重要拠点をチェックせよ。駐車違反切符を交付せよ。市の公共施設に貼られた「在庫一掃セール」のポスターを撤去せよ。ついでにいえば、この類いの大安売りは、消費者に「閉店セール」という誤った印象を与えないよう、市条例で事業主一人につき一年に二回以下と定められており、これもモニターする。ほかには、営業時間後の市営プールで子どもが泳いでいないかどうか監督せよ等々だ。もちろん、これらは無線で指令所から与えられる任務や、保留になっている案件の追跡調査に加えてのことだ。
　点呼後はパトカーの点検整備を行なう。後部座席に残されているかもしれない禁制品、車載のショットガン、応急処置キットをチェックする。また、発煙筒、書式、立ち入り禁止テープが十分あるかも確認する。本当にこれら全部をするのかだって？　点呼直後に司令所から任務を与えられた場合などはとくにだが、できないこともある。最善は尽くすが、時間は限られている。一例を挙げれば、同一事業主による今年三回目の在庫一掃セールは見逃されることもあるということだ。

３６１

　警官について書かれた本の最高傑作は『ホミサイド：殺人課刑事との一年』。メリーランド州の大手新聞バルチモア・サン紙の元事件記者デビッド・サイモンが著したノンフィクションだ。これはケーブルＴＶ放送局ＨＢＯの警官物のドラマ・シリーズ『ザ・ワイヤー』の原案となった。私の好む傾向にお気づきだろうか。

３６２

　市内で警察への緊急電話９１１番にかけると、たいていの場合、まず民間の通信担当者につながる。ここから警察の指令所に伝えられ、優先度が決められるのだ。パトカーに無線連絡が行くのはその後で、通報からすでに数分が経過している。もっともこれは現場に急行させるパトカーがあればの話。パトカーが遠方から現場に向かうことも考慮すれば、警察は常に後手にまわることになる。人々は四六時中、殴られたり刺されたりレイプされたりしているのに、警官が到着するのはいつも数分遅れなのだ。これだけの時間があれば、容疑者は徒歩で十数ブロックは逃げられる。路上犯罪の世界では、この数分というやつは永遠とさして変らない。

　私にはよりよい対応システムがどんなものか見当がつかない。だが、容疑者が逃走してしまったあとで現場に姿を見せるという繰り返しは、気も狂わんばかりに腹立たしい。犯行の詳細をメモにとりながら思う。これでは警官というより秘書じゃないか。

363

　パトロールでは何が起こるかわからない。重犯罪容疑者の動向をチェックしたり、懸案事件の追跡調査の電話をかけたりと、その日のプランを立てることはできる。だが、巡査の一日をコントロールするのは本人ではなく、通信指令係。出欠点呼も終わらぬうちに銃撃事件現場に送られることもあれば、病院で囚人の見張り役を課されることもある。監視となると勤務シフト八時間のほとんどを、短すぎる診察着からはみ出す囚人の陰部を見て過ごす羽目になる。そのほかにも午後三時、刑務所行きを厭がる血まみれのヘロイン中毒者と格闘し、午後四時、バッテリーがあがり歩道で立ち往生した電動車椅子の老女に手を貸す等々、指令係から来る任務は千差万別だ。

　しかし、無線連絡が途絶えればこっちのものだ。犯人を追跡するのも、腹が空いたらステーキ・サンドイッチ店を探しまわるのも自分の裁量次第。この瞬間は自分がボスなのだ。ほかにこんな仕事はあまりない。

364

交通事故により死亡する警官は、暴行や銃撃による殉職者数を上まわる。にもかかわらず、シートベルトを着用しない警官はまだ多い。ベルトを厭がる理由は、一つには現場に急行したり容疑者を追いかけたりで、パトカーの乗降を頻繁に繰り返すせいだ。またベルトをしていると、一瞬、銃を抜くのが遅れることもある。だが「警官はシートベルトをしなくてもいい権利がある。文句があるヤツは拳をお見舞いする」という子どもじみた心理もどこかで働いている。事故を起こせば、その拳を喰らうのは自分自身なのだが……。いささか理解に苦しむ警官心理だ。

365

警官はいくつもの世界の間を容易に動きまわれなければならない。非行グループメンバーに強硬な姿勢で臨む日もあれば、翌日、レイプ被害者の五歳女児を慰めつつ、この子が真実と嘘を区別できるかどうか判断する。相手が市会議員だろうと売春婦だろうと、同じように会話を進める。聖人の知恵に頼ると同時に、政治家やロビイストなど政権内部に通じた連中との雑談も活用するのだ。警官の仕事は、人の気持ちに冷淡な者では務まらない。人の渦の真っただ中に飛び込み、清濁併せ呑むということだ。

366

警察用非常電話は青い金属製の箱で鍵がか

かるようにできている。警察無線がなかった当時、あちこちの街かどに据え付けられていた。警官は今でも非常電話の箱を開ける共通の鍵を渡されている。しかし携帯電話が普及した昨今、使用頻度は激減し、破損が進んでいる。たまたま携帯電話を持ち合わせていなかったことがありこれを探したが、六個目くらいで諦めた。ケースに受話器がないものや、鍵穴にガムが詰め込まれて開けられないものばかりだった。いたずら小僧か、もしかしたら不満を抱く警官の仕業かもしれない。

367

警察は市当局の中でもっとも目立つ機関である。制服を着用し拳銃を携帯する警官に人々は興味を示し、その行動に注目する。このあたりがケーブルTV会社の職員や配管工などとは違うところだ。肉眼やビデオカメラ、カメラ付き携帯などで四六時中見られているから、市民が警官のミスに気づくこともまた多い。警官は展示物も同然。したがって常に品行方正を心がける必要があり、紳士や淑女とはほど遠い相手でも、「サー」や「マダム」という敬称で呼ぶ。

> 警官のビデオを撮りたい？　公共の場ならまったく問題ない。願わくは、適切な行動のみを撮影して欲しいものだ。二つだけお願いしたいことがある。
> 1、仕事の邪魔にならないよう、あまりカメラを近づけない。
> 2、格好よく容疑者を取り押さえるシーンを捉えたら、コピーを送ってもらいたい。義理の兄弟ケビンはこの手のビデオに目がないのだ。

368

警官になって初めて与えられた任務のことは忘れない。その日、事件が多発したとか完璧に無味乾燥だったとかには関係なく覚えているものだ。

ひと目で警察学校出たてとわかる規定の髪型に小綺麗な制服、輝くバッジを胸にした新米が警官として最初に街に出る日。不正をただし、虐げられた人々を守るのだと息巻く。だが問題は、警官として何をどうしたらいいのかさっぱり見当もつかないということだ。これまでにマスターした技量といえば、警官の持つ笛をいくらかまともに吹けるようになったことくらい。もちろんアクションは喉から手が出るほどやってみたい。そのために志願したからだ。しかし、最初の一日が何事もなく終わった時は深い安堵を感じる。制服を着てはいるものの、自分が警官だという実感はまだない。

この心境は、現場訓練を終え単独で任務につくようになってからもしばらく続く。単独任務の初日は、前進してくる敵軍を前に小隊からはぐれてしまった兵卒のように感じる。勤務中、自分の受け持ち地区で死者はもちろん負傷者が出ないことを切に願う。通報があれば機敏に対応する自信はあるし、果敢に任務をこなす心構えもある。しかし現場到着が迅速なら迅速なほど、通報者にとっては、自分が何も知らない新米警官だと気づく時間が長くなることでもある。「困ったな、こりゃ警察を呼ばなきゃダメだ」。そう思って数秒後、警察は自分だったことに思い当たる。

「そうだ。警官はボクだった。でもまだ二カ月目の駆け出しで、何をどうしていいかわからない。誰か本物の警官を呼んでくれないものか」と二の足を踏む。だが、本物の警官も自分自身なのだ。警官歴二〇年のベテランも新米も着ている制服は同じ。ならば、ここで職務を果たすしかない。

369

外見だけでは新米かどうかはわからない。市民にとっては、バッジを付けていればみな等しく警官なのだ。したがって、警察学校出たての新人にもベテランの知識を当然のこととして求めてくる。自分の未熟を白状することもあれば、時として、ありもしない自信にすがり空威張りでやり通すこともある。

だが、常習犯にはベテランと新米の違いはお見通しだ。ネズミがチーズを嗅ぎつけるようなもので、連中は「お前さん、新人だな」と切り出してくる。純真で悪意のない表情やシミ一つない制服、磨き上げられた名札、それに真っさらの警棒が現場体験の欠如を暴露するからだ。

さらに常習犯は新米警官の礼儀正しさと上品な態度も見逃さない。これを防ぐには、いくらか世の中に疲れたような雰囲気を身につけること。もっともやり過ぎは禁物だ。連中はそれさえ見抜いてしまう。会話のそこここに粗野な表現を使い、頑強かつどこかウンザリした感じを演出するのがいい。新人警官の中には爪楊枝をくわえてみせる者もいる。まあ、何もしないよりはマシだろう。

370

警官の仕事に嫌気がさすことはよくある。

理由はさまざまだが、容疑者との格闘で負傷したとか、市民から寄せられた山積みの苦情が審理中で、積極果敢な業務遂行が罰せられているように感じられる、ということかもしれない。また、巡査部長がしつこく付きまとってくることもあろうし、無能な同僚とパトカー勤務をする羽目になることだってあり得る。警官として前向きであろうとする努力がこれらの面倒に値するのかと思えてくる。するとそれがたちまち態度に現れる。世の中を少しでもよくしたいという気概で任務についていたものが、食べるためには仕方ないという気持ちに取って代わる。おのずと懲戒や免職にならない程度の仕事でお茶を濁すようになり、また「警官対一般人」という反感をもって市民を見始める。地域住民は、警察の治安手段が高圧的だと何かにつけて批判はするが、そうかと言って、銃撃に身をさらし、週末・休日勤務が当たり前の警官職に自ら志願しようとはしない。そんな連中には腹も立つ。

幻滅が進むにつれ、たとえば、官費で購入する制服もことさら高いモノを注文し始める。市の財政など知ったことかというわけだ。また、地区の警部が点呼の際にやって来て「頻発する自動車窃盗を減少させるアイデアを出して欲しい」と要望すると「指令係が出す任務はやりますがね。アイデアを出せって命令は受けられませんね」とグチる。休暇願が却下された同僚と示し合わせての欠勤は、制服の色にちなみ「ブルー・フルー（風邪）」、つまり警官の「集団ずる休み」として知られる。その結果、市民を守り、同僚警官をバックアップする人手が不足する。

こういうよからぬ素行は主にベテラン警官の間に蔓延している。それを見た新人らは、自分たちも行く行くはああなるのだろうかと思ってしまう。

警官職に無理難題はつきものだが、好きで選んだ職業だということを心に留めておきたい。グチってみたところで何ら得るところはない。全米で人々が失職する不況下ですら、警官の仕事は当分のあいだ外部専門業者に委託されることはない。法執行部門は衰えを知らない好景気業界だと言える。完璧なロボコップが出現するまで、警官の雇用は保障されている。

371

警察署はどこを見ても貼り紙でいっぱいだ。「細かい指示がない場合は、正しい行動をとるように」という標語、人生一般に関する助言「泣き言は言うな」という大きなプラカード、それに「署主催バーベキューのお知らせ」等々。銃やボートを売る広告はいつも目に付く。副業の宣伝、たとえば家のリフォーム、住宅ローン・サービス、それにパーティ企画などもある。集会室には伝染病の大きな一覧表が掲げられ、注意を促している。結核、抗生物質が効かない感染症のほか、ライム病や蟯虫《ぎょうちゅう》、百日咳などの外来病も含まれている。また同一覧表は、ご親切にも肝炎ウイルスが体外でも最長七日間生存できることを指摘している。実際、囚人との接触でうつる伝染病は相当数にのぼる。これを考えると、法執行機関で働く者たちが毎日生真面目に出勤してくるのが不思議に思えてくる。

372

家庭の事情にしろ、夜の街特有の雰囲気にしろ、深夜勤務を好む警官はいる。ちなみに「夜中過ぎの街にはタクシー運転手と警官と泥棒しかいない」と昔から言われている。

だが、ほとんどの警官にとって深夜勤務は過酷なシフトだ。週末こそ忙しくなることもあるが、平日の午前二時を過ぎれば、まともな住人の多くは翌日の仕事のために眠りについている。こんな夜は、特筆すべき仕事といえば、駐車違反の罰金未納の車を署まで牽引していくことくらいだろう。

犯罪は未然に防ぐのが望ましいから裏通りのパトロールもする。車泥棒や車上窃盗の現行犯逮捕につながれば上出来だ。そういう努力をしても、いずれやって来るのは夜ごとの倦怠。何も起こらない時間がただ過ぎゆくばかり。無線連絡もなければ走り去る車もない。いっさいの活動が途絶え、自分を除き猫の子一匹見当たらない。まるで宇宙空間をパトロールしているようだ。午前四時を過ぎるとさすがにパトカーの中でウトウトしはじめ、ほどなくコンタクトレンズをしたまま瞼を閉じてしまう。

いつ夕食をとるかも問題だ。腹が空いた時に食べればよいと思うだろうが、そうするとバイオリズムが崩れ、空腹になるべき時には食べたくないということになる。もっとも深夜のいつ空腹になるべきかは、それ自体ややこしい問題だ。帰宅し食べてからベッドに入るか？　それとも勤務中に食べるか？　しかし朝三時に開いているレストランなどまずないし、住宅地区でのパトロールなら言わずもがなだ。弁当を持参してもこの時刻までには賞味時期を過ぎている。結局、グラノーラバーやフルーツの間食でもたせることにする。

いざ帰宅して寝ようにも、真っ昼間、道路工事の騒音や窓の外で遊びまわる子どもたちの歓声を聞きながらぼやく。生活のリズムが見つけられない。

休日は休日でひと苦労だ。正常なスケジュールに戻すのがひとつ。あるいは、休み明けの勤務を考え、体内時計を狂わせないよう夜型生活を続けるほうがよいのか？　後者を選んだ場合、朝五時台に放映されるＴＶ番組に誰よりも詳しくなる。ちなみに、この時間帯は、七〇年代から八〇年代に活躍したウィングス・ハウザー主演の映画が多い気がする。

373

時として、乗り込んだパトカーの走行距離が二六万キロに近いこともある。こんな車の留め具はすべてゆるみきっていて、加速と減速のたびにシートが前後にスライドする。あるいはパトカー内を多数のゴキブリが這いまわっていたこともある。

十数件の出動要請が重なったうえ、未解決事件もたっぷりあるという日は、自分が制服警官であることが唯一の慰めだ。

なぜかって？　概して人々は警官の前では法律を犯さない。つまり自分のまわりだけは比較的犯罪がない領域だということだ。この小さな空間が、自分にとってすべてだという日もままある。

374

大都市で勤務する警官の離婚率は全米平均より際立って高い。八割に達するという推計もある。結婚生活の破綻にはいくつかの理由がある。長時間にわたる激務、ストレス、休日出勤、怒りと敵意を生み出す不健康なライフスタイルなどだ。このため、新しい精神衛生の分野が作られ、関連した書籍類も出版されている。

例を挙げると、臨床心理学者エレン・カーシュマンの『警官を愛して―警官の家族が知るべきこと』や警察分野に詳しい行動心理学者ケビン・ギルマーチン著『警官の心が生き残るために』などがある。

同僚が結婚すると聞いた警官たちは「相手も警官か?」と口をそろえて聞く。答えが「ノー」なら、たいてい「それならいいが」という返事が返ってくる。署内で配布される会報にはしばしば離婚弁護士の広告が掲載される。それもそのはず、一回目の離婚はほとんど当たり前。二回目は名誉の印というところなのだ。ちなみに超過勤務を引き受ける知り合いの同僚は、離婚扶助料と子どもの養育費を払うためにやっている。

同僚が「女房が、警官のための心理学の本を買ってくれたよ」と言う。「で、読んだのか?」。彼の答えは「いや、ビールを飲むときのコースターに使ってる」だった。

375

警官の仕事は、善悪の判断が難しいうえ違

法ぎりぎりという状況に満ちている。一例を挙げよう。容疑者を追跡中、相手が通りの角を曲がり一瞬だけ視界から消えた。逮捕時、容疑者の足元にドラッグの入った袋、あるいは銃が落ちていたとする。追跡中はこれらの証拠品には気づかなかったし、彼が足元に落とすところも見ていない。状況からは容疑者の所持品であることは間違いないものの、相手は「ハイ、そうです」とは認めない。証拠品から指紋やDNAが検出される可能性も低い（ビニール袋や銃器からは必ずしも指紋が採れるとは限らない。DNA鑑定も確率は半々。容疑者のズボンの内側に隠されていた拳銃からですら採取できないこともある）。つまり、地方検事が本件を起訴することはまずあり得ないということだ。

実際には目撃していないのに、容疑者が証拠品を落とすところを見たと証言し、それを正当化するのはさほど難しいことではない。数々の犯歴を挙げ、一般市民をこの犯罪者から守る必要性に訴えるのもひとつの方法だ。また、気象学者が記者会見を開き「説明不能の異常気象の結果、これから数日間、覚醒剤と拳銃が天から降ってくるでしょう」とでも発表しない限り、これらの禁制品が容疑者のものであることは明らかで、落とすところを目撃したかはどうでもよいことだと理屈づけることもできる。

しかしこれでは警官は務まらない。立件という名目でいちど一線を越えれば、次はもっと違法な行為に手を染めることになる。人望のあった同僚が、回を追うごとにより重大な判断ミスを犯し、何もかも台無しにしたケースを見てきた。

容疑者が証拠物件を落とすところは見ていないと報告書に記せば、もちろん立件はできない。しかし、正直に優るものはない。警官の言葉は誠実でなければならないのだ。嘘は犯罪者に任せておくことだ。どのみち虚言なら連中のほうが上手だ。

376

警察署の男性更衣室は例外なく不潔だ。壁は汚れ、便座はしばしば尿まみれ。署上層部に対する、お世辞にも好意的とは言えない落書きがトイレのドアを飾っている。ロッカーにとりわけ醜悪な囚人の写真が貼られていることも珍しくない。そうかと思えば、南京錠にダクトテープが巻き付けられていたりもする。イタズラ好きの同僚の仕業で、高校生と似たり寄ったりだ。違うのは、そこにいる全員が武装していること。

377

決まった巡回地区を担当するメリットは多い。犯罪多発地点、麻薬中毒者、頻繁に救急車を呼ぶ詐病常習者、指名手配者、靴の中に麻薬を隠し持っている者、逃亡者などを熟知できるからだ。盗難車と聞けば、車が乗り捨てられるであろう場所も見当がつく。路上で痴話げんかを繰り広げるカップルを見れば、「男は凶暴な精神病患者で逮捕には手が焼ける。女は酔いどれの売春婦」というように素性がすぐにわかる。担当地区は、言ってみれば「自分のシマ」なのだ。

ほかの地区を受け持たされた時、いささか面白くないのはこのためだ。好き嫌いということだけではない。警官個人の安全も関わってくるからだ。一例を挙げよう。ほとんど巡回したことのない地区のある家に行くよう指令されたとする。最近、ここの男性住人は窓やドアをすべて釘付けにしたうえ、ライフルで武装。バーボン・ウイスキーを飲みながら革命が起きるのを待っている。だが警官はそうとは知らない。不案内な土地では、必要な情報が入ってこないからだ。

378

警察署ごとにある『規則と手続きの手引き』は途方もなく分厚いもので三七〇ページもあり、年々さらに厚くなっていく。この手引き書には髭の伸ばし方に関する規則「口髭は任務遂行上の障害や危険にならない限りにおいては伸ばしてもよい」から「停職処分になった際に返納しなければならない装備品」まで、ありとあらゆることが記載されている。

「熱意と忠誠心を持って職務にあたり、市のために尽くすことを本分とする」などは、証券会社の宣伝にでも使えそうな文言だ。先を続けると、「警官は妬みその他の非友好的な感情に陥らないように努め、私生活を潔癖に保つべし」。そして最後はこう締めくくられている。「警官は職務遂行にあたり、冷静と決意をもって臨まなければならない。危険を前にひるむことは重大な職務怠慢であり、警官に値しない」

要するに警官には、スーパーマンやバットマンなどコミックに登場する英雄並みの行動基準が要求されるということだ。それにしても「私生活を潔癖に保つ」には考えさせられる。これでは勤務時間外は教会に行くか、自宅で薄いお茶でも飲むしかない。難題だ。

手引き書がこれほど分厚いのにはわけがある。過去に警官がばかげたことをしでかしても、当時は規則違反に問われず、それを是正するため新たな規則ができる。その繰り返しだ。

内容の広範さから考えるに、故意か偶然かは別にして、警官はいつもどこかで規則違反をやらかしていることになるだろう。数があまりに多いので、規則を書いた本人も含め、署の内規すべてに従うことはできない。ということは監察課がじっくり時間をかければ、何でも規則違反にできるわけだ。該当する規則が見つからない場合は、どんな違反にも対応する条項「上司に知らせるべき情報に関し、報告義務を怠った」を使う手がある。

つまり、何かよからぬ事態が起きるか、尋常でない事柄がのちに事件に発展した場合、それを警部補に伝えなかったということだ。警察の役割は地域社会を守ることだから、ありとあらゆる状況が報告義務の対象になる。


これらの規則は絶えず改訂・更新される。最新版もすぐ改訂版が出る。したがって、数週間の休暇や訓練から職務に戻ってログオンすると、メールが八四〇通もたまっている有り様。しかも迷惑メールは一通もない。

379

パトロール中、仕事の多さに圧倒されることがある。暴力事件が街全域で発生している状況下、武装強盗現場に急行せよとの指示を受け出動。血まみれの被害者から事情聴取していると、道を隔てた酒場で別の喧嘩が始まる。強盗事件捜査とバー・ファイト双方に対処している真っただ中、こんどは迷子のウサギを届けに来る者がいる。同時進行するこんな状況をうまくさばくマニュアルなど存在しない。相棒がいてくれたらと切望する一方で、ウサギは勘弁して欲しいと思う。

380

多くの警官はどうしようもない不精者《ぶしょうもの》だ。昼番の同僚からパトカーを引き継ぎ乗り込むと、座席には空の菓子袋やキャンディーの空箱、読みかけの新聞がそのままになっている。あたかも勤務中、昼興行の映画館にでも出かけたかのようだ。ダッシュボードを開けるとハンバーガーの容れ物が膝に落ちて脂のシミをつける。遺留品は食べ物に限らない。トランクの中に数枚のナンバープレートや野球のバット、それにナタが残されていたこともある。証拠品目録にナタを記載し忘れる警官がいるとは！

だから時には仕返しもしたくなる。パトカーを例の同僚に引き継ぐ際、座席がピットブルの血で汚れているのを伝えないのもありだろう。

381

勤務に出る前に、家の中を整理整頓しておくことが大切だ。使った品々はまめに片付け、汚れた皿も流しに置きっぱなしにしない。警官は自らの日常生活を規則正しく清潔なものにしておく必要がある。なぜか？　制服に身を包んで向かう先は、不潔と無秩序の世界だからだ。ふたつの世界を互いに遠ざけておけば、心がかき乱されることもなく、精神の安定と正気を保つことができる。

382

警官の仕事をしていると、気の利いたセリフに出会うことが多い。同僚のスティーブがあるとき何気なく言った言葉もそのひとつだ。「善と悪の狭間で世渡りする。それが警官だ」

警察学校では、逮捕術を習う前に準備運動をする。教官が「アゴを胸に付けろ！」と指示すると、肥満で二重アゴになったクラスメートが「どっちのアゴを？」と聞き返した。

383

好むと好まざるとにかかわらず、警官の仕事をしていると人間が変わる。例外はない。まず、周囲の状況に前よりはるかに注意を払うようになる。非番でも銃を抜く手はいつでも使えるよう空いている。昼夜を問わず、キャッシュカードで現金を引き出す場合は過剰なほど警戒する。強盗事件が進行中のコンビニや銀行にうっかり足を踏み入れないよう、入店前に内部を確認する癖がつく。

悪態などつかなかった人間も、警官になって六カ月も経てば、荒くれ労働者みたいな言葉遣いを覚える。以前より怒りっぽくなり、また物事に幻滅もすれば、「性善説」に疑いの目を向けるようになる。

有害な社会環境で絶望的状況にある人々と毎日のように接することで、皮膚の上に鎧《よろい》のような外皮が追加される。世の中の暗黒部分を見過ぎると、それが不可解にも自分の一部になってしまう。医学用語ではこれを「共感疲労」と呼び、人の弱さと自分自身に対する漠然とした嫌悪感が主な症状だ。この外皮には利点もあるかもしれない。これによって過剰な感情移入を防ぎ、客観的捜査に必要な距離を置いた態度をとることができる。これが鎧に喩えた由縁だ。

だが、見果てぬファンタジーではあっても、どこかに「元の世界に戻りたい」と願う自分もいる。警察学校時代、髪を短く刈りピカピカの靴を履いていた新米警官。あの頃の自分が、いまは見知らぬ他人に思える。善意に満ちていたが、優柔不断でお人好し、警官としては役に立たなかった。その意味では、彼が姿を消したのは喜ぶべきことだ。

新人警官は古参の自分に取って代られ、もう戻ってくることはない。にもかかわらず、時おり、あの頃の自分を懐かしく思うことがある。

384

警察社会に「90対10の法則」というのがある。この経験則によると九割の人々はまともで、残りの一割が問題を起こす。警官はこの一割の人間に九割近くの時間を費やす。なぜなら、まともな九割の人々は警察に無用な電話をかけたりしないからだ。

「うちで五歳児の誕生会をやってるんですがね、日差しもよく爽やかな秋の日ですから、警官を数人送ってくれませんか？　いや、何も事件は起きてません。ただお巡りさんたちにもパーティを楽しんでもらいたいだけです」。こんな常識外れの電話を寄こすのは、決まって残りの一割だ。

385

警官は普通の人々にはない視点から世の中を見る。どこそこのコインランドリーで働く男は性犯罪者だとか、麻薬がらみの資金洗浄容疑で捜索されている地元会社がどこかも知っている。泥酔した挙げ句、映画館の座席で気を失い失禁した男を最近逮捕した。だから避けるべき映画館も心得ている。時には、知らない方がよかったことも知ってしまう。そんな時は、情報のスイッチを切ってしまいたくもなる。

386

警察手帳の顔写真を撮る際には笑顔を見せてはいけない。発砲事件になった場合、メディアがニュースに使うのはこの写真だ。「容疑者三人、地元警官に射殺される」と題する記事の下、間抜け顔で笑う自分の写真は見たくない。

387

制服警官の中には著しく太っている者がいる。突き出した腹の下に隠れた装備ベルトに手が届かないのではと思えるほどだ。容疑者を一ブロックも追いかければへたり込んでしまうに違いない。行く手をさえぎる一メートル半のフェンスは、彼らには一五〇メートルにも相当するだろう。私が現在勤務する署には、過度の肥満のため、かがむことができず、落とした拳銃を拾えなかった警官もいるそうだ。拳銃をどうしたかって？　心配してやって来た市民が拾ってくれるまで、その場で待っていたという。

なぜこういうことが起こるのか？　健康的とは言えない長年の習慣やストレスの蓄積、パトカーに乗ったまま食べる脂ぎったファストフード、加えて健康管理に対する無関心のせいだ。健康と体力維持を奨励するため、身体を鍛える警官にボーナス休暇を出す署もあるが、肥満を罰する規則はない。したがって警察学校卒業後、警官は規則の上では一日たりとも運動する必要はないわけだ。緊急時に最初に駆けつけ、市民を守るべき警官がブヨブヨの体型というのは望ましいことではない。しかし警察労働組合の圧力は大きく、肥満警官を罰する制度を採用することはあり得ない。

とは言うものの、肥満気味の警官の中には捜査の達人もいる。二〇人の情報提供者を抱え、新たな殺人事件が起こるや受話器を取り上げ、ものの一〇分で犯人情報を得られる刑事などは、たとえ三五キロ体重超過で喘息持ちだったとしても、スポーツ万能の制服警官一〇人分以上の働きをする。

しかしながら、日頃から危険な通報に対応する警官の場合、基本的フィットネスは欠かせない。パンチを一発繰り出しただけですぐ休憩が必要なら、パトロール警官としての資質を疑い、こう自問してみることだ。生命の危険に直面し警察を呼んだが、最初に駆けつけたのが自分のような警官だった。答えが「それじゃ困る！」なら、パトロール勤務を

> 太りすぎの警官に「ちょっと走ってきた」と言うと、返ってくる答えはいつも「どうした？　誰かに追いかけられたのか？」

辞め、管理職か捜査部門に異動するか、いっそ小売業への転職を考えるべきだ。

388

警官の制帽はいくつかの理由で嫌がられている。まず、そのデザインと素材のせいで、パン焼き職人の上部が膨れた帽子みたいに見えることがある。どう見ても格好いいとは言えないシロモノで、これでは街の犯罪者にも押しが利かない。連中は「なぜフランス料理のコック長が自分たちを逮捕するんだ?」と思うかもしれない。次に、帽子に付けた輝くバッジは銃撃犯にとって絶好の標的になる。第三に、追跡中に落としてしまうことがよくある。官給品損失で罰せられたくなかったら、すぐその場に戻って見つけるしかない。最後に、室内では脱ぐことが多いのでそのまま置き忘れてしまう、などだ。

シカゴ市警で三〇年ならしたベテラン警官に知り合いのジョーがいる。彼はあるとき通報で駆けつけた先でドアを蹴破らなくてはならないことがあった。今にも倒れそうなあばら屋だったので、この衝撃で天井に大穴が開き、ゴキブリが雨のように降り注いだ。ジョーは制帽をかぶっていなかった。無数のゴキブリが頭髪の中でうごめき、襟からシャツの中に入り込んだからたまらない。ジョーは死にものぐるいで近くのプールに突進し飛び込んだ。もちろん制服を着たまま銃も装備も一緒にだ。

とすると、制帽にもひとつくらいは有益な役目があるのかもしれない。

389

警官の仕事をしていると、子どもや老人の虐待などに遭遇する。こういうケースでは神経を逆なでされ、激しい怒りを感じる。警官の日常には生産的状況は少ないから、怒りを溜めずに処理する方法を見つけなければならない。放っておくと心に影を落とし、容疑者拘束の際に過剰な腕力を振ったり、後々悔やむことを言ったりしてしまう。怒っていると行動も粗野になるのだ。

そうならないように自分にこう言い聞かせる。警官の仕事とは客観的事実を探し、法律を執行することであり、容疑者個人に向けた攻撃ではない。なぜか？　臨界点に達した怒りは制御不能の激情となり、逆上した警官は百害あって一利なしだからだ。

警官は連日、傷害事件や乱暴行為のほか、廉恥心《れんちしん》のない人々に対処する。だからこそ、それが当たり前ではないことを自分に言い聞かせることだ。大多数の人々は順法精神を持っている。この事実には意義がある。暴力沙汰や悲嘆することなく終わる日もまた多い。

390

マスコミの力は恐ろしい。怒りの抗議行動が暴動なのか、それとも単なるデモなのかを決めるのは報道機関だ。強盗事件の検挙率がこの一〇年で最高になった記事を載せるか、家庭内暴力で逮捕された警官の記事に置き換えるか。紙面は限られている。決めるのは彼らだ。

391

映画『ヒート』では、刑事役のアル・パチーノがロバート・デニーロ演ずる連続銀行強盗を執念深く追跡する。数年でも警官をやった者が見ると、映画のラスト、パチーノが瀕死のデニーロの手を握る場面は噴飯ものだ。自分や同僚警官を殺害しようとした常習犯の手を握るなんてことは決してあり得ない。重傷を負っていても、まず内規に従い手錠をかける。次に職務上の義務として必要なら応急手当をする。その後はどうするって？　悪党の手を握るなら控え目がいいだろう。

392

キングスイングリッシュ、つまり教養ある英国人の英語が話せれば誇らしいかもしれない。しかし警官をやっていると、連日相手にする連中と同じレベルの話し方になってしまうものだ。なにしろ多勢に無勢だからどうしようもない。メチャクチャな言葉遣いを四六時中聞いていれば、いつしかそんな口調がうつる。たとえば「マリファナどこ？」「車降りろ」。文法上「は」とか「を」を省くのは正しくないとはわかっていても、言語順応というものは起こる。映画『虚栄のかがり火』にこんな会話がある。「誤った文法を使う人しかいないところでは、正しい文法を口に出せなくなる」

393

警察の捜査報告書は無味乾燥だ。法律関係書類だから事実と陳述のみで構成され、著者の意見や文芸上の技巧は含まれない。「深夜、容疑者を逮捕。雨の中をたった一人で」とか「グリッグス巡査と私が市内を巡回中、パトカー内にはなめし革と汗の臭いが漂っていた。すでにそんなことは気にしなくなって久しい。この無法時代にあっては……」などという書き方はできないのだ。

もっとも、ごく稀に息抜きのオフザケを紛れ込ませることはある。ことに上司があまり注意を払わないタイプであればやりやすい。たとえば、家人が飼い猫を旦那の頭に投げつけた事件の報告書には、「猫を投げた」の代わりに「ネコ形飛翔体を投射」とこっそり書き込める。あるいは、自分は聖霊であると同時に元米海軍特殊部隊シールズだと思い込んでいる精神障害者を担当した場合なら、「自分は神であり、特殊戦闘に関する広範な体験があるという容疑者の主張にもかかわらず、その後の調査でこれは事実ではないと判明した」と書いても、お咎めはないかもしれない。

クローゼットに潜んでいた男を発見した際の報告書で、容疑者の様子を描写する段になった。しばらく考えたあと「消え入りそうな」に決めた。

394

街頭に出たら自尊心は忘れる。大切なのは自己満足ではなく仕事を終わらせること。容疑者には捨てゼリフを言わせてやればよい。もとより聞く者などいやしない。連中は刑務所送り。休日に出るサンドイッチにチーズが一枚付く。それが唯一の楽しみという世界だ。

警官は家族が待つ家に帰る。ソファに脚を

投げ出してスポーツ番組を観るのも、幼い娘の寝顔をのぞき込み安らかな寝息に耳を傾けるのも思いのまま。自由、それは素晴らしい。もっとも尊いもののひとつだ。

395

警察を去るときが来ると「離職チェックシート」を渡される。警官職を辞するにあたり、返納しなければならない官給品が列記されているものだ。「退職」ではなく「離職」。痛みをともなうという点では「離婚」とほとんど違わない。腹の立つことも多かったが、いざ辞めるとなると辛い。しかし同時に、拳銃とバッジを返納すると肩の荷が取り除かれたと感じる。多くの退役警官が口をそろえて言うことだ。重責から解き放たれた彼らは、人生でも悪党どもを出し抜いた。これからは毎日が非番。ほかの誰かが勤務に就く番だ。

警察署によっては、退職する警官のニュースを無線で全同僚にアナウンスする。「彼は三〇年以上の長きにわたり立派に任務を果たし、一般市民にも犯罪者にも同様に敬愛されてきた」。こりゃスゴイ！　一度、この警官に会っておくんだった。

396

警官として街頭で勤務していると、まだ人間というものを信頼したくなる出来事に出会う。母親に軽く背中を押され、人魚姫のバレンタインカードを手渡してくれる気恥ずかしげな四歳の女の子。炎上する車に閉じ込められたドライバーを助け出そうと自らを危険にさらす一市民。残忍な殺人事件の判決言い渡しの際、有罪が確定した二人の殺人犯に聖書を手渡す被害者の母親など。このような行為を目にすると、人々が持つ強さと情け、そして勇気に畏敬の念を抱かずにいられない。

397

身長約二メートル、体重一四〇キロ近い男性が、路上で足を踏みならしながら消火栓に向かって何か叫んでいる。こんな無線連絡が入ったら、誰かが何かしなければならない。そう、現場に出向き男を拘束する必要がある。その誰かとは警官以外にない。仕事だから仕方がないということもあるが、警官とは内心この手の任務を期待しているものかもしれない。気づいていたかどうかはともかく、これがそもそも警官職に惹かれた理由のひとつだろう。他人がやりたがらない、あるいはできない、やろうにも怖くて手が出ない仕事に就きたい。どこかで常にそう感じてきたはずだ。

警官とは言ってみれば世の中のゴミ収集人。それでいい。ではこれから、市民がびっくりする数の同僚をかき集め、例の消火栓男の逮捕に向かう。

398

ニューヨークの同時多発テロやニューオリンズのハリケーン「カトリーナ」災害のおり、警官らが直面した状況の深刻さはどこかで読んで知っているだろう。事態の過酷さにひるんだ警官もなかにはいたが、多くは、とうてい達成不可能な任務に敢然と立ち向かった。

自分が似たような大惨事に直面したらどれ

くらい頑張れるだろうか？　そう自問すると、遂行しなければならない任務の重大さ、警官に何がどれほど要求され、期待され、その過程で失うものがどれほど大きいかをあらためて考えさせられる。

そして思う。警官に真に向いている人間などいるのだろうか、と。

399

殉職警官の葬儀は注目に値する。遺体安置所から教会まで向かう霊柩車の両側には、警告灯を点けたパトカーの列が続く。葬列の先頭は、天候にかかわらずサングラスをかけた白バイ警官が守る。彼らは前もって交差点に向かい交通を遮断。葬列を通すとすぐさま次の交差点へと急ぐ。警告灯を輝かせながら疾走する白バイの姿は、入念に演出された一糸乱れぬショーであり、力の象徴でもある。

教会で葬儀に参列する警官は礼服に身を包み、喪章を付けたバッジを付ける。バグパイプの音とともに儀仗隊が祭壇に向かって進み出る。儀仗隊を務める警官の装備ベルトには拳銃、手錠、予備弾倉しか付いていない。余計な物音を立てないためだ。これに棺を担いだ警官たちが続く。そして、最後の別れがやって来る。儀仗隊の「ささげ銃《つつ》」の号令で警官たちは右手を帽子のひさしのへりまで挙げる。「たて銃」で右手を下ろす。挙手の礼の上げ下げはどちらもきっかり五秒かけて行なう。

刑事ドラマ『NYPDブルー』の中で、ジエームズ・マクダニエル演じるアーサー・ファンシー警部補がニューヨーク市警に入った当初のことを振り返ってこう言う。「制服を着て街を歩く時、両親がどれほど自分のことを誇りに思ってくれたことか。ニューヨーク市警の警官であるというのは、自分が名無しではなく、一個の人間だということなんだ」。警官の葬列を目撃した人々は、首脳の車列か国王の葬儀だと思うことだろう。いや、そうではない。亡くなったのは一介の警官だ。しかし彼は、一個の人間だった。

400

本署の廊下を歩くと、警官たちの写真を飾った掲示板が目につく。延々と並べられた礼服姿の白黒写真は古いもので、なかには数十年前の写真もある。ピラック、マクウィリアムス、それにクラプザンスキーなどという名前が見える。隣にある掲示板のカラー写真を見ると、名前にはチャン、ロドリゲス、カーンなどが出てくる。それぞれの出身コミュニティを反映している。これらの写真は永く続く伝統を語っており、自分もその一部であることに気づかされる。一警官といえども、組織の中で任務を果たす不可欠な構成要素。数千人の同僚とともに、街が無法状態に陥る事態を防いでいる。自分と人々を守るために拳銃を、最悪の連中をしょっ引くために手錠を携帯する。

警察一家の出身なら、胸に輝く保安官の星や警察バッジは父や祖父から譲り受けたものかもしれない。仲間の新人警官たちとともに宣誓した「保護と奉仕」のモットーは以来ずっと守り続けている。むろん一警官にすべてを正すことはできない。それは掲示板に飾られた男性・女性警官たちも同じだった。しかし、一人一人が行なえる正義もある。自分の街を守るために戦い続けることには意義があるのだ。その日その日がどう展開するかは蓋を開けてみるまでわからない。警官に危害を加えようとする者もいるだろうし、不愉快な情景も目にするだろう。しかし、それが仕事だと承知の上でいまもバッジを付けている。廊下を通り抜け点呼に向かう。二〇〇二年の警官写真を過ぎ、一九八四年、一九五六年へと遡る。会議室に集まった同僚たちが見えてくる。先人たちと歩調を合わせ、今日も勤務開始だ。

訳者あとがき

九〇年代半ばのこと。陸上自衛隊の幹部十数人が、災害やテロに対処する軍民協力体制視察のため日本からやって来た。米陸軍大尉だった私はエスコート任務を命じられ、サンフランシスコ（ＳＦ）市警察本部へ同行、ＳＦ市警の心理カウンセラーと陸軍州兵部隊憲兵を兼務する上官の通訳を務めた。

いつもの迷彩服から濃紺の警察官制服に変身した少佐が、パトカーに積まれた武器や警告灯、容疑者の逮捕や留置手続きの実演を行なう。いつ何時、誰にどこから撃たれるかわからないパトロールの過酷さは戦場に立つ将兵と変らないことを痛感した。

「カトー大尉、ちょっとここに入ってみてくれない？」

少佐が指さしているのは、麻薬中毒者や酔っ払いの興奮状態が落ち着くまで拘束しておく独房。自傷行為を防ぐため内部はすべてゴム製カバーで覆われている。余興とは知りつつ、ドアが閉まると一瞬パニック状態に。監獄の内と外は完璧な別世界。当たり前のことだ。しかし堅気《かたぎ》にとって、格子の内側に閉じ込められる恐怖と絶望など、こんな機会でもないとわからない。警官が生きる世界を垣間見た気がした。

あれからすでに二十数年。巡り合わせというのだろうか、今回、同じSF市警で巡査部長を務めるアダム・プランティンガ氏の話題作『400 THINGS COPS KNOW Street-Smart Lessons from a Veteran Patrolman』の翻訳のチャンスを得た。

著者はマーケット大学で英文学を専攻、学生時代から優れた短編を発表して注目された。氏の恩師C・J・ハリバル教授は次のように本書に序文を寄せている。

「プランティンガ巡査部長が、警察活動の内側に読者を導き、生身の警官の姿を見せてくれる。正しいドアの蹴破り方から防弾チョッキに自分の血液型を大きく書いておく理由。ダーティ・ハリーとは違い、本物の警官が爆走してくる車の前に立ちふさがらないのはなぜか。猛り狂うブルドッグを菓子だけでパトカーに誘い込むテクニック。ギャングと堅気の歩き方の違い。容疑者の上着の右ポケットが振り子のように揺れていたら拳銃を隠し持っている証拠……等々、本書には警官が生き残るための知識が事実に即して描かれている。また、同僚警官を殺害した犯人や、性的虐待を繰り返す小児性愛者を前にしたときの怒りとフラストレーション、そして、強盗がたてこもる銀行で現金を下ろそうとする顧客を見たときの信じがたい困惑など、警官が折に触れ体験する感情にも、戦慄とユーモア、悲痛と深い洞察を交えて触れられている。

本書を含め優れた本に共通するのは、読者を他人の世界に誘い、自分自身の体験として感じさせることだ。この仮想現実では奇妙な出来事が身近になり、見慣れた日常が不可思議な様相を呈する。

『たいていの本は読み手の理知か感情、直感あるいはユーモアのどれかひとつに訴えかける。そのすべてを同時に満足させるのが傑作だ』。アメリカの小説家リチャード・ルソーがどこかでそう書いていた。本書はまさにそういう本の一冊だ」

日本語版出版にあたり、プランティンガ巡査部長からご挨拶が届いている。これを読者の方々に紹介して、「訳者あとがき」の締めくくりとしたい。

「私の本の日本語版が出版されることになり心から嬉しく思っている。日米の警察機構には大きな違いがあると理解しているが、警官は警官。身を賭して市民の安全を守る職務に生き甲斐を感じている点は同じではないだろうか。

本書を読んだ日本の方々が、米国警察に対する理解を深め、敬意を持ってくださったら望外の喜びである。だが、ここで描写されるのは颯爽と現れて人々を窮地から救う警官の姿ではない。警察業務には苛立たしいこともきわめて多く、成功の喜びは往々にして微々たるものだ。ここではそういった現実を反映している。さらに言うなら、警察を理想化するつもりもない。実際、警察組織にはいくつもの欠点、偏見、手落ちがあり、それらを追及するのも本書の目的のひとつだ。

やり甲斐と苛酷さ、滑稽な状況と身のすくむ瞬間が代わる代わる起こるのが警官の日常。国や州、所轄は違え、こういう職業をこなすための姿勢や心配事も似通ったものだろう。着ている制服は違っても市民に対する『保護と奉仕』をモットーとする任務は同じなのだ」

加藤　喬

アダム・プランティンガ（Adam Plantinga）
カトリック系市立大学「マーケット・ユニバーシティ」で英文学ならびに犯罪学・法律を専攻。1995年優等で卒業。全米優等学生協会会員。著者の短編『無題』はアンソロジー『25歳以下のフィクション』に収録された。ワシントン・ポスト紙の文芸評論家ジョージ・ガーレットは同アンソロジーの中で最優秀候補作だと評価。このほか警官職のさまざまな分野に関するノンフィクション作品13編をバルパライソ大学出版局の文芸雑誌「クレセット」に寄稿。2001年から2008年までミルウォーキー市警で勤務。現場訓練教官も務めた。現在、サンフランシスコ市警巡査部長。ベイエリアで妻と娘と暮らす。

加藤　喬（かとう・たかし）
元米陸軍大尉。都立新宿高校卒業後、1979年に渡米。アラスカ州立大学フェアバンクス校ほかで学ぶ。88年空挺学校を卒業。91年湾岸戦争「砂漠の嵐」作戦に参加。米国防総省外国語学校日本語学部准教授（2014年7月退官）。著訳書に第３回開高健賞奨励賞受賞作の『ＬＴ―ある“日本製”米軍将校の青春』（TBSブリタニカ）、『名誉除隊』『加藤大尉の英語ブートキャンプ』『レックス 戦場をかける犬』『チューズデーに逢うまで』（いずれも並木書房）がある。現在メルマガ「軍事情報」で配信中。

アメリカン・ポリス400の真実！

2016年６月１日　印刷
2016年６月10日　発行

著　者　アダム・プランティンガ
訳　者　加藤　喬
発行者　奈須田若仁
発行所　並木書房
〒104-0061東京都中央区銀座1-4-6
電話(03)3561-7062　fax(03)3561-7097
http://www.namiki-shobo.co.jp
イラスト　naokomatsu
印刷製本　モリモト印刷

ISBN978-4-89063-340-1